Orginal-Manuskriptseite von Hans Pfeiffer, auf 120 % vergrößert (Ausschnitt)

Hans Pfeiffer
Das Spektrum der Toten

Hans Pfeiffer

Das Spektrum der Toten

Die tödliche Macht der Seele

Die Deutsche Bibliothek – CIP-Einheitsaufnahme
Pfeiffer, Hans:
Das Spektrum der Toten : die tödliche Macht der Seele /
Hans Pfeiffer. – Leipzig : Militzke, 2000
ISBN 3-86189-124-7

1. Auflage
© Militzke Verlag, Leipzig 2000

Lektorat: Monika Werner
Umschlaggestaltung: Dietmar Senf
Satz und Layout: Ralf Thielicke
Druck und Bindung:
Steidl, Göttingen

Inhalt

Vorwort 6

I. Kapitel
Die Seele tötet den Körper 8
Magie des Wortes 8
Psychogener Tod 24
Verhängnisvolle Prophezeiung 29
... Und sank entseelt zu Boden 33
Psychischer Mord 50
Regie eines Mordes 50
Mordgeständnis im Schlaf 62

II. Kapitel
Okkult-Morde 76
Wenn der rote Hahn kräht 76
Stufen eines Wahns 89
Den Teufel im Kopf 117

III. Kapitel
Bizarre Todesfälle 127
Kopf in der Schlinge 127
Josef und Josefa 140
Rektale Katastrophen 150

Nachbemerkung des Autors 159
Nachbemerkung des Verlages 159

Vorwort

Das Spektrum der Toten – das meint hier die vielfältigen Erscheinungsformen des Todes. Es reicht, bildhaft gesagt, in den Spektralfarben vom Rot über das Blau bis ins Violett, vom Rot des Blutes der Erstochenen, Erschlagenen, Erschossenen über das blausüchtige Antlitz der Erwürgten bis zu den violetten Totenflecken der Erstickten und Erdrosselten.

Das Spektrum der Toten zeigt die unendliche Bandbreite außergewöhnlicher Todesfälle, die als unnatürlicher Tod, als Tod durch äußere Gewalt auftreten, als Unfall, Selbstmord oder Tötung durch fremde Hand.

Wie in meinen vorangegangenen Tatsachenberichten *Die Sprache der Toten, Die Spuren der Toten* und *Die Spiele der Toten* erzähle ich auch in diesem Buch von bizarren tödlichen Unfällen, unglaublichen Selbstbeschädigungen, von raffinierten Mordtaten und monströsen sexuellen Verirrungen. Aber darüber hinaus lege ich den Schwerpunkt auf die Macht der Seele über den Körper.

Das Spektrum der Toten ist ein Buch für Leser, die den hier erzählten Ereignissen mit Spannung und zugleich mit Beklemmung folgen. Dem Berichterstatter über außergewöhnliche Todesfälle wird manchmal Sensationslust vorgeworfen. Aber das Interesse vieler Menschen an sensationellen Verbrechen, an seltsamen Unfällen und merkwürdigen Selbstmorden ist eine uralte Neugier. Sie bleibt auch in unserer hochtechnisierten Welt lebendig. Als Neugier auf das Absonderliche verleiht sie dem modernen Alltag eine abenteuerliche Spannung.

Über außergewöhnliche Todesfälle zu berichten ist aber nur die eine Seite des Buches. Die andere heißt Information und Aufklärung. Ich erzähle über ungeklärte Todesfälle, die von Wissenschaftlern mit spezifischen Erfahrungen und Kenntnissen auf dem Seziertisch oft sehr überraschend enträtselt worden sind. Mancher Mord erscheint auf den ersten Blick als natürlicher Tod, ein Selbstmord als Unfall, ein natürlicher Tod sogar als Tötungsverbrechen. Der Tod maskiert sich zuweilen oder wird vom Täter geschickt maskiert. Der Rechtsmediziner entkleidet die Toten ihrer Masken und Kostüme. Er erkennt die Zeichen am Körper der Toten, diese »Spektralfarben des Todes«, und entdeckt damit die oft verborgenen Ursachen eines Todesfalles. Das ist wichtig für die Rechtssicherheit einer Gesellschaft, denn jeder Todesfall hat seine besonderen sozialen und juristischen Folgen.

So will dieses Buch nicht allein spannend unterhalten, es ist auch eine Hommage für die Rechtsmediziner, für ihre unschätzbaren Verdienste bei der Wahrheitsfindung.

I. Kapitel

Die Seele tötet den Körper

Magie des Wortes

Man kann den folgenden Fall ernst nehmen, könnte mit ihm sogar eine beängstigende Praxis begründen. Er ließe sich auch als einen eher makabren Kriminalfall bezeichnen, der mörderisch begann und grotesk endete.

Die 40jährige Geschäftsfrau Babette Bölke besaß einen Tabakladen und war eine bemerkenswerte Persönlichkeit, die ebenso energisch wie brutal ihre eigensüchtigen Ziele verfolgte. Was sie tat, tat sie ganz mit dem Einsatz ihrer körperlichen und geistigen Kraft. Ihr Geschäft florierte und brachte ihr einen gewissen Wohlstand. Ihren Ehemann zwang sie mit Schlägen zu unbedingtem Gehorsam. Allein ihre Gestalt wirkte imposant, ihr Auftreten befremdend, ihr leicht entflammbarer Zorn bedrohlich. Ihr schmächtiger und schwerhöriger Mann hatte keine Chance, sich gegen sie zu behaupten. Sie verachtete ihn und fand bei anderen Männern, was sie an ihm vermißte.

Einer dieser Liebhaber war Michael Lucht, ein Bulle von Mann, triebhaft wie sie selber. Das Verhältnis der beiden dauerte bereits zwei Jahre, da starb ihr Mann. Ob es ein natürlicher Tod war, ob ihn die Nichtigkeit seines Lebens an der Seite dieser Frau seelisch niedergedrückt oder ob Babette seinem Tod etwas nachgeholfen hatte, um frei zu sein für ihren Liebhaber, ist offengeblieben. Sie heiratete ihren Liebhaber, erfüllte ihm seine selbst für sie maßlosen sexuellen Ansprüche. Dieses bis zur Erschöpfung getriebene Liebesleben hinderte Babette jedoch nicht daran, sich bereits einige Monate später zusätzlich einen weiteren Beischläfer zu halten.

Bald empfand sie Theo noch aufregender als ihren Ehemann Michael. Nur ein Jahr hatte genügt, um ihre Leidenschaft abzukühlen. Sie wollte Michael nicht mehr und begehrte Theo. Sie bat Theo, ihr Strychnin zu beschaffen, damit sie Michael vergiften könnte. Theo wollte so weit nicht gehen und lehnte ab. Seine Geliebte wurde ihm langsam unheimlich. In einer Art moralischer Entrüstung nannte er Babette vor anderen Leuten eine Hure. Babettes Wut war grenzenlos, sie erhob Klage wegen Beleidigung. Theo rächte sich und verriet Babettes Mann, er sei Babettes Liebhaber gewesen. Michael reagierte darauf wie ein Stier auf ein rotes Tuch.

Er nahm jedoch nicht seinen Nebenbuhler auf die Hörner, sondern seine Frau. Es kam zu Auseinandersetzungen, die sich verschärften, als Babette ihren wegen Beleidigung geführten Prozeß gegen Theo verlor.

Michael war überzeugt, daß er Babette nicht mehr trauen konnte. Er fühlte sich gedemütigt, und mit der Eifersucht wuchs sein Haß. Seine Frau Babette wiederum war nicht gewillt, sich von Michael kontrollieren und beschimpfen zu lassen. Ihre Abneigung gegen ihren Mann wirkte sich bald auch körperlich aus. Sie begann sich ihm im Bett zu verweigern und erreichte damit nur, daß er seine »ehelichen Rechte« mit brutaler Gewalt erzwang. Doch die gemeinsamen Kinder hielten die Ehe auch weiterhin zusammen.

Zu Babettes Kunden im Tabakladen gehörte Manfred Haubold. Haubold hatte keinen festen Job und lebte von Gelegenheitsarbeit. Nebenbei jedoch übte er noch eine sonderbare Tätigkeit aus, die ihm einiges Geld einbrachte: Er führte Heilbehandlungen »auf spiritistischer Grundlage« durch.

Haubold hatte viele okkultistische Bücher gelesen, sich über okkulte Praktiken informiert und die Zunftsprache der Okkultisten einigermaßen beherrschen gelernt. Er hatte sich mit Werken über Hypnose beschäftigt und festgestellt, daß er Menschen hypnotisieren konnte.

Als Babette ihrem Kunden Haubold einmal die Sorgen mit ihrem teilweise gelähmten Kind klagte, versprach ihr Haubold, dem Kind zu helfen.

Haubold nahm die Heilbehandlung in Babettes Wohnung vor. Weil Babettes Mann Michael sich skeptisch über den Heiler geäußert hatte, kam Haubold meist mittags, wenn Michael nicht daheim war.

Haubold meinte, eine solche Erkrankung erfordere eine lange Behandlung. Bald kam er täglich, und Babette verfolgte gespannt seine therapeutischen Maßnahmen. Diese Methode, so erklärte er Babette, habe er selbst erfunden. Sie vereine einen alten Beruf mit moderner Wissenschaft. Er wirke zweifach auf die Krankheit ein: erstens körperlich, indem er seine Hand auf das gelähmte Bein des Kindes auflege und dieser Kontakt seine positive Energie in den Körper des Kindes einfließen lasse. Zweitens, indem er mit der suggestiven Magie des Wortes die Selbstheilungskräfte des Patienten erwecke.

Haubold pflegte dann, nachdem er die Hände auf das Knie des Kindes gelegt hatte, in monotonem Singsang immer den gleichen Satz zu wiederholen, minutenlang: Es geht vorbei, es geht vorbei ...

Und immer noch wartete Babette auf einen Fortschritt bei der Heilbehandlung. Er stellte sich nicht ein. Dafür zeigte sich allmählich ein Fortschritt in ganz anderer Richtung. Gebannt von der beeindruckenden Persönlichkeit des Heilers, sah sie in ihm einen künftigen interessanten Liebhaber. Nach den Sitzungen bewog sie Haubold, noch zu einem Schnäpschen zu bleiben. Dann begann sie von ihrer Ehe zu sprechen, klagte über die Leiden, die sie bei ihrem Mann, diesem Unhold, diesem Säufer, Schläger und Vergewaltiger, erdulden müsse.

Haubold war sensibel genug, um aus den Seufzern der Unglücklichen ihr Verlangen nach Beglückung durch ihn herauszuhören. Und er war auch berechnend genug, um die Vorteile zu erkennen, die ihm diese Frau bieten würde: Sex und Geld. Vorausgesetzt, es käme zu einer festen, dauerhaften Verbindung. Da beide danach drängten, zögerten sie nicht, miteinander zu schlafen. Doch sie genoß den neuen Liebhaber nicht ganz sorglos. Sie fürchtete erneute Gewalttaten ihres eifersüchtigen Mannes. Und auch Haubold hatte Grund, Michael Lucht zu fürchten. Er war dem bulligen Mann körperlich unterlegen, er konnte sich niemals eine tätliche Auseinandersetzung mit diesem Berserker leisten. Haubold war sich darüber klar, nur wenn Michael beseitigt würde, würde er Babette für immer besitzen.

Michael mußte verschwinden!

Babette war damit einverstanden, hatte aber Bedenken, ob Haubold das schaffen würde. Michael wäre viel zu stark, er würde, wie sie sagte, »Hackepeter« aus Haubold machen.

Doch Haubold wußte Rat. Eine listige Maus sei einer starken Katze allemal überlegen. Er werde versuchen, Michael durch Hypnose umzubringen. Aber das mußte klug vorbereitet werden.

Es war der erste Schritt zum Mord, als er Michael vorgaukelte, durch seine Heilkraft habe sich die Lähmung des Kindes bereits gebessert.

Michael schien es zu glauben. Sein Mißtrauen gegen Haubold schwand.

Als zweiten Schritt schlug Haubold seinem künftigen Opfer vor, sich ebenfalls von ihm behandeln zu lassen. Michael litt an rheumatischen Beschwerden, und Haubold versprach ihm, ihn durch Hypnose davon zu befreien. Ob er an die Macht der Hypnose glaube, fragte er Michael. Der wußte es zwar nicht, hielt es aber für möglich. Dann werde er in den nächsten Tagen mit der Behandlung beginnen, sagte Haubold.

Beim Probeversuch stellte Haubold befriedigt fest, daß Michael suggestibel war. Michael mußte sich entspannt auf das Sofa legen. Dann trat Haubold hinter das Kopfende des Sofas. Michael sollte ihn anschauen. Dazu mußte dieser die Augäpfel nach oben drehen. Nun forderte Haubold ihn auf, ihn fest und unverwandt anzublicken und so lange wie möglich die Augen offenzuhalten. Zugleich suggerierte Haubold dem Mann, sein Blick würde unklar, alles verschwimme, die Augen begännen zu tränen, er wolle die Augen schließen, wehre sich dagegen, aber sein Widerstand würde schwächer und schwächer. Michaels Augenlider begannen immer häufiger zu zucken, und als Haubold ihm befahl, die Augen zu schließen, fielen ihm die Augen zu. Nach weiteren Manipulationen war Haubold sicher, daß Michael in hypnotischen Schlaf gefallen war. Er befahl ihm, seine Hose auszuziehen. Michael erhob sich und zog sich die Hose aus. Dann weckte ihn Haubold und fragte, warum er seine Hose abgelegt habe. Verwundert erwiderte Michael, er könne sich das nicht erklären. Haubold war zufrieden. Der nächste Schritt zum Mord war vollzogen. Nun ging es daran, den vorletzten Schritt vorzubereiten.

Haubold besorgte einen Eisenhaken und einen Strick.

In Michaels Abwesenheit schlug er den Haken in die Zimmerdecke nahe über der Schlafzimmertür ein. Dann weihte er Babette in seinen Mordplan ein und teilte ihr mit, welche Rolle sie selbst dabei zu übernehmen hätte.

Als Michael abends von der Arbeit kam, war Haubold bereits eingetroffen. Er erklärte, heute wolle er mit der Heilbehandlung beginnen. Michael war einverstanden.

Haubold setzte nun zum letzten Schritt der Tragikomödie an. Er forderte Michael auf, ihm ins Schlafzimmer zu folgen. Dort stellte er einen Stuhl vor die Tür, direkt unter dem Haken in der Decke. Michael mußte auf den Stuhl steigen. Haubold plazierte einen weiteren Stuhl direkt daneben und kletterte selbst hinauf. Dann begann er mit beiden Händen über Michaels Stirn und von da an abwärts über das ganze Gesicht zu streichen. Bald fiel Michael in hypnotischen Schlaf.

Nun ließ sich Haubold von Babette den Strick reichen. Das eine Ende des Stricks war bereits zu einer Schlinge geknotet. Haubold legte Michael die Schlinge um den Hals und befestigte das andere Ende des Stricks an dem Deckenhaken. Erschreckt stellte er fest, daß der Strick zu kurz war. Doch Haubold war nicht gewillt, sein Vorhaben abzubrechen. Bisher war alles gut gelaufen, und Michael stand noch immer reglos auf dem Stuhl. Schnell ließ sich Haubold von Babette einen Schemel aus der Küche bringen, den er auf den Stuhl stellte. Es ist waghalsig, dachte er, den Schlafenden zu bewegen und ihn auch noch auf den Schemel klettern zu lassen. Aber Michael befolgte ohne Zögern Haubolds hypnotischen Befehl und bestieg den Schemel. Mit Hilfe einer Steigleiter gelang es Haubold endlich, den Strick am Deckenhaken zu befestigen. Nachdem Babette die Leiter wieder in die Abstellkammer zurückgebracht hatte, erteilte Haubold Babettes Mann den Todesbefehl.

»Du stehst auf einem hohen Turm«, suggerierte er Michael, »und du stürzt herab auf ein vorspringendes Dach. Klammere dich mit beiden Händen an die Dachrinne. Die Dachrinne zerbricht und wird gleich mit dir in die Tiefe fallen. Du mußt abspringen, sofort, ich zähle bis drei, dann springst du.«

Haubold zählte »Eins ...«

Michael stand reglos und merkwürdig gaffend.

»Zwei!«

Da zog Haubold Michael den Schemel unter den Füßen weg.

Michael fiel nach unten, der Strick spannte sich – riß.

Michaels Körper war viel zu schwer für die Schlinge in dem zu dünnen Seil. Michael erhob sich benommen. Haubold und Babette blickten sich entsetzt an. Auf Michaels verwirrte Frage, was denn mit ihm geschehen sei, suchte Haubold nach einer ebenso wirren Antwort. Dann verschwand er aus der Wohnung, nachdem er sich mit Babette für den nächsten Tag verabredet hatte.

Noch von ihrer Panik erfüllt, trafen sich Haubold und Babette am folgenden Mittag in einem Café. Auf Haubolds Frage, wie sich Michael verhalten habe, berichtete

Babette, er habe verwundert den gerissenen Strick am Deckenbalken betrachtet und sich dann wortlos ins Bett gelegt. Auch heute morgen habe er kein Wort mit ihr gesprochen und sei wie immer zur Arbeit gegangen.

Was nun tun? fragten sich die beiden. Babette schlug vor, eine Pistole zu beschaffen und Michael zu erschießen. Haubold erklärte sich bereit, das zu tun.

Doch inzwischen hatte Michael, nun wieder ganz bei Sinnen, den Mordplan durchschaut und der Polizei gemeldet. Die beiden Täter wurden wegen Mordversuchs angeklagt. Babette erhielt eine 4jährige, Manfred Haubold eine 5jährige Freiheitsstrafe.

Wäre der Strick, der Michael Luchts Selbstmord vortäuschen sollte, nicht gerissen, könnte man von einem vollendeten Mord in Hypnose sprechen.

Veranlaßt bereits die Suggestion Menschen zu zwanghaften Handlungen, gegen die sie sich nicht wehren können, so bewirkt die Hypnose den Hypnotisierten vollends zu Handlungen, die er, weil im Tiefschlaf, nicht mehr beeinflussen kann.

Suggestion und Hypnose lassen sich nicht scharf trennen, da sich das eine aus dem anderen jederzeit entwickeln läßt. »Jede, auch die einfachste Form einer Suggestion ... kann bei besonderer Veranlagung bis zur hypnotischen Vollendung durch hypnosetechnische Hilfsmaßnahmen gesteigert und dann allmählich zu einer weitgehenden Ausschaltung der betroffenen Persönlichkeit geführt werden«, schrieb der Heidelberger Arzt Ludwig Mayer.

Bei Suggestion und Hypnose spielt das gesprochene Wort eine große Rolle. Pawlow nannte das Wort einen ebenso realen bedingten Reflex wie alle übrigen Reize, die der Mensch mit dem Tier gemeinsam hat. Zugleich aber sei er so mannigfaltig wie kein anderer und deshalb mit allen anderen auch nicht vergleichbar. Das Wort wirke auf die Großhirnrinde, sei dadurch mit der gesamten Lebensfähigkeit verbunden. Die Vielgestaltigkeit des Wortes könne durch seine suggestive Macht direkt wie indirekt physiobiologische und biochemische Veränderungen hervorrufen. Die Suggestion des Wortes vermöge auch beim hypnotisierten Menschen dessen äußere und innere Umwelt zu verwandeln. Deshalb kann die Hypnose als therapeutische Maßnahme in der psychosomatischen Medizin vielfältig verwendet werden.

Über die Hypnose grassieren die bizarrsten Vorstellungen. Selbst unter den Psychologen gibt es keine einhellige Meinung, was Hypnose vermag, was sie nicht vermag.

Der hier geschilderte Fall, durch einen hypnotischen Befehl einen Selbstmord zu arrangieren, ist nur durch Zufall kein perfekter Mord geworden, weil der Strick riß. Und daß die Hypnose die Frage aufwirft, ob sie zu Verbrechen mißbraucht werden kann, ist nur zu verständlich. Die Antwort der Psychologen ist gegensätzlich. Ludwig Mayer meinte, die überwiegende Mehrzahl der

Fachleute bezweifle heute nicht mehr, daß unter Sonderbedingungen Verbrechen jeder Art an Hypnotisierten und mit Hilfe von Hypnose begangen werden können. Der Psychiater Ferdinand Schoen dagegen sieht es als durch Erfahrung und Praxis für bewiesen an, »daß es hypnotische Verbrechen in dem Sinne, daß ein Mensch willenlos den Willen eines anderen ausführt, nicht gibt.«

Hypnose und Verbrechen – dieses Thema hat viele Aspekte. So wäre zu unterscheiden zwischen Verbrechen, die von hypnotisierten Personen unter dem Befehl des Hypnotiseurs begangen werden, und Fällen, in denen der Hypnotiseur Verbrechen an Hypnotisierten begeht. Bei diesen handelt es sich meist um sexuellen Mißbrauch von Frauen. Ferdinand Schoen allerdings erhob gegen Aussagen von Frauen, die behaupteten, sie seien durch Hypnose zum Beischlaf gezwungen worden, heftige Bedenken. Oft würden sie nur zur Tarnung gebraucht, denn ein körperlich gesunder und charakterlich einwandfreier Mensch könne nicht gegen seinen Willen hypnotisiert werden.

Die meisten Forscher halten es für unmöglich, daß Menschen durch Hypnose gezwungen werden können, Verbrechen zu begehen. Auch in tiefster Hypnose behalte der Mensch seine ethischen Vorstellungen und eigenen Hemmungen bei. Er werde daher keine Tat begehen, die seiner inneren Einstellung widerspräche.

Dieser Meinung wiederum steht die Ansicht von Experten mit Hypnoseerfahrung entgegen. In dem Beitrag »Verbrechen durch Hypnotisierte?« (Archiv für Kriminologie) heißt es, ein Hypnotiseur wird kaum Erfolg haben, wenn er jemandem in Hypnose befiehlt, einen anderen Menschen zu erschießen. Es sei denn, er beseitigt die indirekten Hemmungen und macht das Medium glauben, es werde von einem anderen mit der Waffe bedroht und müsse in Notwehr handeln und den Gegner niederschießen. Je überzeugender ihm das suggeriert werde, desto magischer werde er die Suggestion verinnerlichen. Manche Versuchspersonen hätten dementsprechend die – natürlich ungeladene – Pistole auf den vermeintlichen Angreifer gerichtet, sogar gegen die eigene Mutter.

Hypnose und Verbrechen – das schließt eine weitere Problematik ein. Können Menschen hypnotisiert werden, damit sie sich beispielsweise als Zeugen eines Verbrechens vergessene oder unterbewußte Beobachtungen unter Hypnose wieder ins Gedächtnis zurückrufen? Kriminalfilme und -romane stellen solche Versuche als erfolgreich dar.

Kriminaloberkommissar Bernd Fuchs berichtete 1983 von einem Versuch, durch Hypnose eines Zeugen einen Mord aufzuklären.

In der Nähe von Heidelberg hatten Spaziergänger in einem verschilften Gewässer eine weibliche Leiche gefunden. Die Kriminalisten stellten fest, daß der Körper der Toten zu zwei Dritteln verkohlt war. Sie war mit Benzin übergossen und verbrannt worden.

Die Identifizierung bereitete keine Schwierigkeiten. Es handelte sich um ein 16jähriges Mädchen, das morgens wie immer mit der Eisenbahn zur Arbeit in die Nachbarstadt fahren wollte.

Mit dem Fahrrad fuhr es zum Bahnhof. Dort angekommen, mußte es feststellen, daß der Zug an diesem Tag nicht verkehrte. Das Mädchen stellte das Fahrrad am Bahnhof ab. Es blieb rätselhaft, wie das Mädchen dann vom Bahnhof bis zum Schilfgewässer gelangt war.

Im Verlauf der polizeilichen Ermittlungen, die sich besonders auf den Bahnhofsbereich konzentrierten, fand sich schließlich ein vielversprechender Zeuge. Ein 33jähriger Bahnbeamter erinnerte sich, zur fraglichen Zeit das Mädchen gesehen zu haben, als es am Bahnhof zu einem Mann in den Wagen stieg. Als Alter des Fahrers gab er etwa 40 Jahre an.

Hocherfreut waren die Kriminalisten, als ihnen der Zeuge sogar Typ und Kennzeichen des Autos nannte: ein älterer goldmetallicfarbener Ford 17 m, Kennzeichen ABC – RX 81. Das aber war das Kennzeichen einer landwirtschaftlichen Zugmaschine. Schließlich war sich der Zeuge nur noch des Buchstabens X im Kennzeichen sicher. Die Kripo überprüfte alle X-Kombinationen – ohne Erfolg.

Die Kriminalpolizei rekapitulierte nochmals die Wahrnehmung des Zeugen. Dabei, so Kriminaloberkommissar Fuchs, »wurde deutlich, daß er bewußt auf das Mädchen, den Ford, das Kennzeichen und den

Fahrer gesehen hatte«. Und trotzdem trog ihn die Erinnerung.

»Plötzlich kam dann einem Kollegen die Idee: Hypnose! Von strikter Ablehnung über mitleidiges Lächeln bis hin zu skeptischer Zustimmung reichte die Meinungspalette in der lebhaften Diskussion. Schließlich setzte sich der Standpunkt durch, man könnte es ja mal versuchen.«

Der Zeuge war sofort damit einverstanden und wurde von einem erfahrenen Hypnoanalytiker nach streng wissenschaftlichen Methoden tagelang, meist über mehrere Stunden, befragt.

Kriminaloberkommissar Fuchs beschrieb dann im einzelnen, was die hypnotische Befragung ergeben hatte:

Hypnotisiert wurde in einem kleinen, schwarz ausgeschlagenen und abgedunkelten Raum, in dem sich nur ein bequemer schwarzer Sessel, einige Stühle, ein Tonbandgerät und wenige andere Dinge befanden. Im Raum waren außer dem Hypnotiseur nur sein Medium und der sich völlig ruhig verhaltende Verfasser. Der Hypnotiseur begann dann ganz langsam, sein Medium durch andauerndes, monotones Suggerieren von Entspanntsein, Müdigkeit und Schlaf in Hypnose zu versetzen. Dabei wandte er die Technik der Verbalsuggestion an ...

Immer wieder hörte der Zeuge die Frage: »Was sehen Sie jetzt?« Er sah durch den Jägerzaun seines Gartens einen goldfarbenen PKW mit schwarzem Dach, das Kennzeichen ABC – X, eine 8 und vielleicht noch ein Z, eine

Zierleiste am Kotflügel, einen unsympathischen übernächtigten Mann am Steuer mit großen Händen, ein Mädchen mit Strickjacke, Midirock und einem Fahrrad mit Tragetüten am Lenker, ein gelbes Hemd mit hochgekrempelten Ärmeln beim Fahrer und einen Kollegen. Außerdem sah er noch »Erdbeeren, rote und grüne«, die zu gießen waren.

Der Erfolg der Befragung war zwiespältig. Das vollständige Kennzeichen des Täterwagens konnte auch durch die Hypnose nicht ermittelt werden. Trotzdem gaben die im Wachbewußtsein des Zeugen gemachten Angaben und die hypnotisch abgerufenen Erinnerungen der Polizei genügend Hinweise, den Täter doch noch zu ermitteln – das aber mit den traditionellen kriminalistischen Methoden. Umfängliche Überprüfungen goldmetallicfarbener PKW vom Typ Ford 17 m führten schließlich zu einem Fordbesitzer, der wegen Sexualdelikten bereits vorbestraft war. Er wurde verhaftet und mit den Angaben des Zeugen konfrontiert. Noch bevor es zur Anklage kam, beging er in der Haftanstalt Selbstmord.

Kriminaloberkommissar Fuchs faßte als Ergebnis der Ermittlung zusammen: »Fest steht aber, daß der Zeuge das vollständige, richtige Kennzeichen auch unter Hypnose nicht angeben konnte ... Wieder einmal brachten die in kriminalistischer Kleinarbeit weitergeführten Fahrzeugüberprüfungen Erfolg ... Von der Hypnose sprach niemand mehr. Ihre Anwendung ist in diesem Fall durch die konventionelle Täterermittlung überholt.«

Um zwei Täter und die Fahrzeugbeschreibung ging es auch in einem anderen Fall, über den Kriminalhauptkommissar E. Haupt und Dipl. Psychologe K. Thiessen berichteten.

Gesucht wurden zwei Männer, die eine Frau vergewaltigt hatten. Die Täter hatten die Frau bereits in einen Graben geworfen, um sich an ihr zu vergehen, als ein Auto vorüberfuhr. Das Opfer hatte verzweifelt versucht, sich bemerkbar zu machen, war aber von den Vorüberfahrenden nicht bemerkt worden. Sie konnten sich jedoch später, als sie als Zeugen befragt wurden, an den Wagen der Täter erinnern, dem sie zweimal begegnet waren. Es war nach ihren Angaben ein Opel Kadett, Baujahr 67 bis 72, vom Kennzeichen war ihnen nur FD in Erinnerung.

Die Kriminalpolizei überprüfte ergebnislos Tausende Opel Kadett. Da die Zeugen, zwei junge Männer, sich gut mit Kraftfahrzeugen auskannten und das Tatfahrzeug bewußt zur Kenntnis genommen hatten, hoffte die Kripo, durch Hypnose die Erinnerungslücke schließen zu können.

Auch in diesem Fall übernahm wieder ein wissenschaftlich erfahrener Hypnotiseur die Befragung. In den einzelnen hypnotischen Sitzungen zeigte sich, daß sich die Zeugen die Situation und die dabei erlebten Gefühle und Gedanken wieder vergegenwärtigen konnten, so daß eine ganze Reihe von bewußt nicht zugänglichen Fakten reproduziert wurde. Zu einer hinreichend genauen Beschreibung reichte es jedoch nicht ... Der Fall blieb bis heute ungeklärt.

Obwohl aus den USA immer wieder verblüffende Erfolge bei der Aufklärung von Verbrechen durch hypnotische Befragungen von Zeugen gemeldet wurden, steht man in Deutschland solchen Ermittlungen sehr skeptisch gegenüber. Kriminaloberkommissar Fuchs meinte jedoch, dieses Verfahren werde zwar auch in Deutschland häufiger eingesetzt, als allgemein bekannt sei. Es fehlten hier aber spektakuläre, wissenschaftlich überzeugende Erfolge.

Psychogener Tod

Ich arbeitete gerade an diesem Kapitel, als ich am 27.02.98 in der »Leipziger Volkszeitung« die folgende Nachricht las: »Die Kriminalpolizei steht vor einem Rätsel. Die Identität des Mannes, der am 24.01. an der Kreuzung B 2/S 71 bei Zwenkau tot in einem Skoda aufgefunden wurde, ist noch immer nicht geklärt. Er war laut Polizei eines natürlichen Todes gestorben.« Es folgte eine Personenbeschreibung. Die Mitteilung endete: »Den Wagen hatte er Mitte Dezember einer Frau vor dem Leipziger Hauptbahnhof entrissen.«

Dieser Bericht machte mich hellhörig. Ein etwa 40- bis 45jähriger Autoräuber stirbt in dem entwendeten Wagen eines natürlichen Todes, möglicherweise an Herz-Kreislauf-Versagen. Dieser Fall illustrierte sozusagen das wissenschaftliche Material, mit dem ich mich gerade beschäftigte – Untersuchungen über den sogenannten psychogenen Tod. Der Autoräuber aus Leipzig hatte einen natürlichen Tod erlitten. Was aber hatte seinen Tod bewirkt? Ich erinnerte mich an einen Bericht aus dem Institut für gerichtliche und soziale Medizin der FU Berlin. S. Carnier schilderte darin vier Fälle, »bei denen der Tod offenkundig vor der beabsichtigten Selbsttötung eingetreten war«.

Und das sind die vier Fälle.

Bei dem ersten Fall, so Carnier, wurde ein 72jähriger Mann, vollkommen abgedeckt, tot im Bett aufgefunden. Er hatte eine Schußwunde hinter dem linken Ohr. Seine Hände waren blutbeschmiert. Auf dem Fußboden lag eine Pistole vom Kaliber 6,25. Die Blutabrinnspuren am Hals deuteten darauf hin, daß der Mann sich die Schußwunde im Stehen zugefügt hatte.

Die Kripo nahm Selbstmord an, da der Mann wegen unerträglicher Herzschmerzen angekündigt hatte, er werde sich erschießen. Es wurde eine Obduktion angeordnet. Bei der äußeren Betrachtung zeigte sich, daß das Geschoß unmittelbar unter der Haut lag und Schädel, Hirnhäute und Gehirn unverletzt waren. Es war unwahrscheinlich, daß die Schußverletzung den Tod verursacht hatte. Die Leichenöffnung ergab eine beträchtliche Schädigung des Herzens: eine schwere Arteriosklerose der Aorta und abnorme Bindegewebsvermehrung des Herzbeutels. Diese Erkrankung hatte zum tödlichen Herz-Kreislauf-Versagen geführt.

Im zweiten Fall wurde eine 82jährige Frau tot auf dem Fußboden aufgefunden. Neben der Leiche stand eine Schüssel mit Erbrochenem, Blut und einer Rasierklinge. Oberflächliche Schnittwunden an beiden Handgelenken wiesen auf einen Selbstmord-Versuch hin. Der Blutverlust war völlig unwesentlich. Die Obduktion ergab eine schwere Koronarsklerose.

Im dritten Fall hatte sich eine 53jährige Frau zu erhängen versucht. Dazu hatte sie am Fensterkreuz eine Wäscheleine befestigt. Aber noch bevor sie den Kopf in die Schlinge steckte, sank sie tot zu Boden. Das Seil hing mit offener Schlinge herab, es war nachweislich nicht zur beabsichtigten Selbsttötung benutzt worden.

Ähnlich war der vierte Fall beschaffen. Ein 59jähriger Mann wurde tot in der Küche zwischen Schrank und Fenster am Boden aufgefunden. Und er hatte mit einer Schnur am Fensterriegel den Erhängungstod vorbereitet und war, bevor es dazu kam, vom Tod überrascht worden.

In den ersten zwei Fällen, so heißt es weiter im Bericht, waren Abschiedsbriefe vorhanden. »In beiden Fällen hatte der herbeigerufene Arzt Tod durch Erhängen bescheinigt, weil er offensichtlich angenommen hatte, daß die Leichen von der Schlinge abgenommen worden waren.«

Die Obduktion im dritten Fall erbrachte zahlreiche Metastasen eines Brustkarzinoms in Lunge, Leber, Lymphknoten und im Großhirn. Umfangreiche Ergüsse in den Brusthöhlen und im Herzbeutel bestätigten Kreislaufschwäche.

Im vierten Fall wurden Blutstauungen als schwere Schädigung festgestellt.

Weitere kriminologische und gerichtsmedizinische Untersuchungen ergaben für alle vier Fälle: kein Fremdverschulden, kein Zweifel an der Selbstmordabsicht, keine anderen als die schon festgestellten Todesursachen – Herztod – und im dritten Fall völliger körperlicher Verfall infolge der Tumore.

Der Berichterstatter faßte abschließend zusammen, daß in allen vier Fällen der Tod während des Selbstmordversuchs bzw. in der Vorbereitung zum Selbstmord eingetreten war.

Diese vier Menschen wollten also Selbstmord begehen, bereiteten ihn vor oder begannen ihn bereits auszuführen und starben, bevor sie den Selbstmord erfolgreich vollziehen konnten. Das scheint eine absurde Situation zu sein. Und trotzdem ist sie nicht unverständlich. Man kann sich vorstellen, wie der Entschluß zum Selbstmord, die Vorstellung, bald an der Grenze des Todes zu stehen, den ganzen Menschen aufwühlt und erschüttert. Abschiedsbriefe müssen geschrieben, letzte Verfügungen getroffen werden. Die Pistole wird geladen, der Strick am Balken befestigt, das Dach eines Hauses wird bestiegen, von dem man herabspringen will. Ein seelischer Ausnahmezustand ohnegleichen. »Und bevor Pistole und Strick und Schwerkraft töten, tötet die Seele den Körper. Sie tötet gnädig, meist durch den Herztod.

In solchen Fällen spricht man vom psychogenen Tod, vom Tod, der seelisch bedingt ist. Der psychogene Tod – das ist ein Todesfall durch emotionale Belastung« (so der Rechtsmediziner W. Janssen), das ist das Extrembeispiel eines psychogenen Geschehens, welches zum Tode führt.

Zurück zu dem eingangs erwähnten Autofahrer, der eines plötzlichen natürlichen Todes am Lenkrad starb. Er hatte zuvor eine Frau überfallen und ihr den Wagen geraubt. Und das mitten in einer belebten Großstadt. Er wußte, daß nach dem Wagen und nach ihm selber gefahndet wurde. Er hatte eine hohe Strafe zu erwarten. Er hatte wenig Chancen davonzukommen. Erregung, Angst, Aussichtslosigkeit könnten sein Herz so in Aufruhr versetzt haben, daß es der Belastung nicht mehr gewachsen war, denn das Herz ist ein »Spiegel der Angst« (W. Janssen). Das Ende des Raubüberfalls: psychogener Tod, der als Herz-Kreislauf-Versagen diagnostiziert wurde. Der psychogene Tod hat viele Aspekte, viele Erklärungsformen und viele Ursachen. Davon sollen einige Fälle berichten.

Verhängnisvolle Prophezeiung

Thea war 16 Jahre alt, als sie plötzlich starb. Die Todesursache blieb unbekannt. So lautet die Überschrift des Berichts von Kriminalinspektor Konrad Müller.

Thea, eine 16jährige Gymnasiastin, war ein gesundes Mädchen, das streng religiös erzogen worden war und sich in einer Jugendgruppe betätigte. Häufig traf man sich abends im Pfarrhaus zu gemeinsamen Veranstaltungen. So war es auch gestern abend gewesen. Keinem der Jugendlichen war ein ungewöhnliches Verhalten der 16jährigen aufgefallen. Am nächsten Morgen stand sie wie immer gegen sechs Uhr auf, um sich für den Schultag fertig zu machen. Nachdem sie das Bad verlassen hatte, kochte sie Kaffee und bereitete mit der Mutter das Frühstück vor, das die Familie gemeinsam einnahm. Man plauderte angeregt, Thea wirkte auch an diesem Morgen locker und heiter wie immer, nichts Auffälliges war an ihr zu bemerken.

Doch auf einmal sprang sie auf. Sie sagte, ihr sei übel, sie müßte erbrechen. Sie lief in die Toilette. Man hörte, wie sie sich übergab. Dann war es still, aber plötzlich vernahm man einen dumpfen Fall. Danach herrschte unheimliche Stille.

Als man die Toilettentür öffnete, fand man Thea bewußtlos auf dem Boden liegen. Ein Notarzt wurde gerufen. Er veranlaßte die Überführung ins Krankenhaus.

Da die Erkrankung unmittelbar nach dem Frühstück ausgebrochen war, vermuteten die Klinikärzte eine Lebensmittelvergiftung. Eine Magenspülung sollte Gewißheit darüber bringen. Mageninhalt und Urin wurden chemisch-toxikologisch untersucht. Das Ergebnis war negativ – kein Hinweis auf irgendeine Vergiftung. Auch in den folgenden Stunden zeigte sich kein Symptom, das auf irgendeine innere Erkrankung hinwies. Die Patientin verblieb in ihrer Ohnmacht. Die Ärzte waren ratlos, suchten weiter nach Ursachen für die rätselhafte Erkrankung. Thea starb in der folgenden Nacht. Da sie seit ihrem Zusammenbruch in der Toilette nicht wieder zu Bewußtsein gekommen war, hatte sie selbst nicht befragt werden und nichts aussagen können. Deshalb mußte sich die Kriminalpolizei darauf beschränken, in der Familie Theas, bei ihren Bekannten und Mitschülern zu ermitteln. Nochmals wurde nun auch polizeilich die Möglichkeit einer Vergiftung überprüft. Doch es ergab sich keine Spur.

Die Annahme, Thea könnte durch Einnahme von Gift Selbstmord begangen haben, schied aus. Auch die Einnahme von Rauschgift konnte ausgeschlossen werden. Nach Aussage der Klinikärzte war die Todesursache unbekannt. Man nahm eine endosomatische, also im Körperinneren liegende Ursache an. Aber selbst die Obduktion konnte nicht klären, welche Ursache das gewesen sein könnte. Krankhafte Veränderungen an den inneren Organen hatten sich nicht feststellen lassen.

Die Kripo hatte jedoch einen Vorfall ermittelt, den Kriminalinspektor Müller kommentarlos am Schluß seines Berichtes erwähnte: Zwei Tage vor ihrem Tod vergnügte sich Thea mit ihren Mitschülerinnen mit dem für gläubige Mädchen denn doch etwas pietätlosen »Bibelaufschlagen«. Dabei ließen sie die Bibel so zu Boden fallen, daß die Seiten im Fallen aufblätterten. Dann lasen sie die ersten Worte, die ihnen beim Blick auf die aufgeschlagene Seite ins Auge fielen. Das sollte eine Art Wahrsagung für künftige Zeiten oder für das ganze Leben sein. Im allgemeinen nahmen die Mädchen diese Weissagung nicht so ernst und machten sich darüber lustig. Als Thea an der Reihe war und die Bibel geworfen hatte, las sie folgende Prophezeiung: »Freue dich, denn du wirst eingehen zum Herrn.« Nach dem Gelächter der anderen Mädchen soll sich Thea »betroffen und schweigend« zurückgezogen haben.

Es scheint nicht abwegig, dieses rätselhafte Ende »eines gesunden jungen Mädchens« als psychogenen Tod zu deuten. Äußere Todesursachen wie beispielsweise Gift waren ebensowenig gefunden worden wie endosomatische, also körperlich bedingte.

Im Gegensatz zu ihren Mitschülerinnen, für die das Spiel mit der Bibel ein Spaß war, zweifelte die streng gläubige Thea wohl nicht an der Wahrheit der Bibel und der Erfüllung ihrer Prophezeiung. Für sie war das Spiel zum bitteren Ernst geworden. Thea hatte, als sie nachträglich über dieses »Spiel« nachdachte, nach ihrer Meinung ein

Tabu verletzt: Sie hatte mit dem HEILIGEN WORT Gottes Spott getrieben und das Gebot der Ehrfurcht vor Gott verletzt – eine Sünde, die nach ihrem religiösen Verständnis Strafe erforderte. Diese Strafe war Erfüllung der Prophezeiung: ein früher Tod.

Die Macht dieser Angst war so groß, daß sie den Körper tötete. Schleichend, aber sicher. Eine Art Tabutod.

Aus der Völkerkunde ist bekannt, daß unterentwickelte Völker, die noch magischem Denken verhaftet sind, diesen psychogenen Tod als Folge der Verletzung eines religiösen Tabus verstehen.

Es werden Fälle beschrieben, wo Angehörige der Aborigines, der Maori und anderer polynesischer Stämme sterben, allein durch die Angst, wegen religiöser Verfehlungen den Tod verdient zu haben.

Ein Forschungsreisender berichtete, daß elf Inder seines Gefolges starben, als sie feststellten, daß sie versehentlich Rindfleisch gegessen hatten. Da die Kuh bei den Indern heilig ist, gilt der Genuß von Rindfleisch als Verstoß gegen heilige Gebote, was sie veranlaßt zu glauben, wer sie übertrete, müsse sterben. Er fügte hinzu, daß das Fleisch einwandfrei war.

Ein anderer Forscher beobachtete, daß Australneger »aus Todesfurcht, sterben zu müssen, tatsächlich starben«, daß also »die Einbildung, sie seien durch eine geheimnisvolle Macht tödlich gefährdet, auch wirklich den Tod zur Folge haben kann«.

Prof. Dr. W. Middendorf wies darauf hin, daß in manchen Ländern auch heute noch Menschen durch Verfluchung getötet werden. Der Täter veranlasse zum Beispiel einen Medizinmann, seinen Gegner zu verfluchen, und wenn dieser an die Wirkung des Fluchs glaube,»gehe er ein«, im wahrsten Sinn des Wortes. Medizinisch gesehen, sei dies ein psychogener Tod.

Und der Schweizer Kriminologe Dr. R. Herren teilt die Erfahrung mit, unter Umständen könne »eine Todesprophezeiung ... auf die Psyche eines sehr suggestiblen Menschen ... einen verheerenden Einfluß ausüben, sich im Unterbewußtsein festsetzen und – ähnlich wie ein posthypnotischer Befehl – das Individuum in den Tod treiben«.

... Und sank entseelt zu Boden

Frau Menzel ist 66 Jahre alt. An diesem Septembervormittag bereitet sie sich auf den Gang zu ihrer Ärztin vor, von der sie regelmäßig behandelt wird. Da die Ärztin in der Nähe wohnt, hat Frau Menzel die Praxis bald erreicht.

Die Konsultation verläuft wie immer. Die Ärztin fragt die Patientin nach ihrem Befinden, prüft den Blutdruck und die Pulsfrequenz. Sie nickt, als müsse sie bestätigen, daß der erhöhte Blutdruck normal sei. Seit Jahren war er zur Normalität geworden, als Folge einer Verengung der

Herzkranzadern. Die Ärztin verschreibt das erprobte Medikament und wünscht einen guten Heimweg.

Frau Menzel muß auf ihrem Weg nach Hause eine stark befahrene Hauptstraße überqueren. Sie will sich den Weg abkürzen und bereits vor der Ampelkreuzung über die Straße gehen. Sie blickt nach links, sie blickt nach rechts, schließlich glaubt sie, der Augenblick sei gekommen, um gefahrlos über die Straße zu gelangen.

Sie hatte sich verrechnet. Ihre Schritte waren zu langsam. Als sie die Straßenmitte erreicht hatte, näherten sich von links Autos in voller Fahrt. Sie blieb stehen, um sie vorbeifahren zu lassen. Dann fiel ihr ein, das sei doch zu gefährlich. Es wäre sicher besser, wieder auf den Fußweg zurückzukehren – rückwärts, um den Verkehr im Auge zu behalten. Sie war nur wenige Schritte zurückgewichen, als sie einen Wagen sah, der direkt auf sie zusteuerte. Doch der Fahrer hatte die verunsicherte Fußgängerin bemerkt. Es gelang ihm noch rechtzeitig, auszuweichen und hinter dem Rücken der Frau vorbeizufahren.

Frau Menzel stürzte nieder. Ein Polizist hatte zufällig den Vorgang beobachtet. Er eilte zu der Verunglückten, half ihr wieder auf die Beine und führte sie auf den Fußweg.

»Sind Sie verletzt?« fragte er.

»Nein, nein, ich bin nicht verletzt. Das Auto hat mich nicht einmal gestreift. Ich bin einfach hingefallen, vor Schreck.«

Besorgt fragte der Polizist, ob er sie heimbegleiten

solle. Er erhielt keine Antwort mehr. Frau Menzel sank zu Boden. Ein sofort herbeigerufener Notarzt konnte nur noch ihren Tod feststellen.

Die Kriminalpolizei konnte nicht ausschließen, daß trotz der Aussage der Frau, sie sei von dem Wagen gar nicht berührt worden, ein Verkehrsunfall mit Fahrerflucht vorlag. Eine Obduktion sollte die Todesursache klären. Und die Obduktion klärte den fragwürdigen Tod von Frau Menzel auch eindeutig auf.

Die etwas fettleibige Frau wies keine äußeren und inneren Verletzungen auf. Man stellte u. a. geringfügigen senilen Gehirnschwund fest, die basalen Hirnarterien waren stark verkalkt, das Herz war beträchtlich vergrößert, man fand eine Verengung der Herzkranzgefäße und Stauungen in Leber, Magen, Milz und Nieren.

»In diesem Fall«, so berichtete W. Boltz vom Wiener Institut für gerichtliche Medizin, »vereinen sich Vorgeschichte und anatomischer Befund so weit, daß die Kausalität zwischen dem schreckerregenden Ereignis, das auch objektiv als erheblich gelten darf, und dem eingetretenen Tod bei der engen zeitlichen Bindung hinreichend erwiesen ist. Die Frau litt offenbar an einem dekompensierten Hochdruck ... so daß der Kreislauf die schlagartig einsetzende Funktionsbelastung nicht überwinden konnte.«

Über einen ähnlichen, allerdings älteren Fall berichtet ein Krakauer Rechtsmediziner.

Während der Hungerunruhen 1918 bedrohten und verfolgten einige Jugendliche einen jüdischen Händler. Der Mann flüchtete sich in ein Hotel, wo er tot zusammenbrach. Sein Tod wurde als Totschlag gewertet und – so heißt es in dem Bericht – der Verstorbene für ein Opfer des Rowdytums erklärt.

Die Obduktion ergab keinerlei Verletzungen. Der Obduzent stellte eine Schädigung des Herzens fest, Herzvergrößerung und Herzklappenfehler. Zusammenfassend erklärte er: »Der Tod wird somit auf plötzlich eingetretene Herzlähmung bezogen, die einerseits durch chronische Herzveränderung, andererseits durch die psychische, dem Tod kurz vorangegangene Erregung für hervorgerufen erklärt werden konnte.«

Todesfälle wie diese beiden hier geschilderten sind nicht nur medizinisch, sondern unter Umständen auch juristisch bedeutsam. Der Rechtsmediziner muß dann, wenn Verdacht auf einen schuldhaften Vorfall besteht, sich als Gutachter äußern. Wie kompliziert das manchmal ist, zeigt ein weiterer Fall, den die Psychiater Richtberg, Täschner und Bochnik schilderten.

Ein 38jähriger Mann, wegen Autodiebstahls bereits verurteilt, hatte Diebstähle und im Zusammenhang mit diesem Fall eine weitere Straftat begangen. Er hatte vor seinem Haus einen gestohlenen Wagen geparkt. Er trat aus dem Haus, öffnete die Autotür, stieg ein und schwenkte rückwärts aus der Parklücke auf die Straße hinaus.

Dann legte er den Vorwärtsgang ein und wollte gerade losfahren, als ihn ein Mann mit vorgehaltener Pistole zum Halten aufforderte. Der Autodieb vermutete – wie sich später herausstellte, zu Recht –, daß der Mann ein Zivilfahnder war, der ihm auf die Spur gekommen war und ihn festnehmen wollte. Statt anzuhalten drückte er aufs Gaspedal und fuhr direkt auf den Polizisten zu. Dieser sprang noch rechtzeitig zur Seite, nahm über Funk Kontakt mit seinen Kollegen auf und verfolgte den Autodieb. Bald jagten mehrere Einsatzwagen dem Flüchtigen mitten durch Frankfurt und Offenbach hinterher, bis er gestellt werden konnte. Er wehrte sich wild gegen seine Festnahme.

Der Mann wurde u. a. wegen versuchten Totschlags und der im Verlauf der Flucht und Verfolgung begangenen Taten angeklagt. Der Angeklagte verteidigte sich damit, der plötzlich auftauchende Polizist und die auf ihn gerichtete Pistole hätten ihn so sehr erschreckt, daß er rein instinktiv glaubte, sich nur durch Flucht retten zu können.

Das Gericht beauftragte die genannten Psychiater zu entscheiden, »ob der Angeklagte durch die plötzlich erlebte Bedrohung und den dadurch hervorgerufenen Schreck in einen psychischen Zustand geraten sei, der einen teilweisen oder völligen Verlust seines Einsichts- oder Hemmungsvermögens bewirkt und seine Schuldfähigkeit ... eingeschränkt oder aufgehoben haben könnte«.

Die Gutachter untersuchten den Mann eingehend

psychologisch und psychiatrisch. Er war körperlich und geistig gesund und überdurchschnittlich intelligent. Es zeigten sich keine psychisch gravierenden Auffälligkeiten. Im Gutachten war also die Frage zu beantworten, ob ein plötzlicher Schreck eine bewußte Willenshandlung verhindern kann.

Schreck, so die Gutachter, ist an Überraschung gebunden, die viele Erscheinungsformen hat, von einfacher Sinneswahrnehmung wie Knall, Blitz, Hitzeberührung bis zur Katastrophensituation wie Erdbeben, Eisenbahnunglück, Massenpanik, Brände. Schreck wirkt sich unmittelbar körperlich aus.»Im Regelfall löst der Schreck eine kurzzeitige Initialstarre und eine Reizung vegetativer und zentralnervöser Funktionen aus, die im ersten darauffolgenden Moment zu Erregungszuständen mit blinden Bewegungsstürmen sowie zu panikartigem Flucht-, Verteidigungs- oder Angriffsverhalten führen können.« Doch kurz nach dieser willensmäßig nicht beeinflußbaren Reaktion normalisieren sich Wahrnehmung und Handeln wieder so weit, daß der Mensch umsichtig und planvoll handeln könne. Doch könne der durch Schreck verursachte psychosomatische Zustand bei labilen Personen noch längere Zeit andauern.

So könne Schreck also für einen möglicherweise nur sekundenkurzen Zeitraum tiefgreifende Bewußtseinsstörungen hervorrufen und damit die Schuldfähigkeit eines Menschen vermindern oder aufheben. Der Schreck löse kurzzeitig biologisch-vitale, zentralnervöse und vegetative Funktionsstörungen sowie primitive Handlungsmuster der Flucht oder Verteidigung aus und führe damit zu persönlichkeitsfremden Primitivreaktionen.

Die Gutachter hielten deshalb den Autodieb für schuldunfähig. Sie waren der Meinung, man könne sein Verhalten juristisch nicht als Totschlagsversuch werten, denn Schreckreaktionen liefen nicht vorsätzlich ab.

Für alle weiteren Handlungen sahen sie ihn jedoch als voll verantwortlich an, weil er die Flucht äußerst planvoll bewerkstelligt hatte.

Ähnlich wie Schreck wirkt sich seelischer Schock aus.

Agnes Neumeister, eine 19jährige Kontoristin, wohnte noch bei ihren Eltern. Trotz der engen Wohnung besaß Agnes ein eigenes kleines Zimmer.

Doch den Besuchen von Horst, dem Freund ihrer Tochter, setzten die Eltern strenge Grenzen: nur tagsüber und bei offener Zimmertür. Auch nach der Verlobung der beiden beharrten die Eltern auf diesem Gebot. Verlobt sei nicht verheiratet, sagten sie, keine sexuellen Intimitäten vor der Eheschließung! Die Liebe zwischen Agnes und Horst war jedoch stärker als die dem Mädchen eingeimpfte elterliche Moral. Sie trafen sich heimlich, manchmal in Horsts möbliertem Zimmer, wenn die Wirtin gerade abwesend war, manchmal auch in einem einsamen Waldstück.

Agnes wurde schwanger. Aus Angst vor ihren Eltern versuchte sie ihren Zustand anfangs zu verbergen. Das wurde jedoch immer schwieriger, je weiter die Schwangerschaft fortschritt. Agnes wußte auch nicht, ob sie so plötzlich durch eine Heirat die Schwangerschaft legalisieren könnte. Selbst eine rasche Eheschließung hätte den Eltern offenbart, daß sie ihre Gebote und Warnungen mißachtet und Schande über die Familie gebracht hatte.

Agnes suchte schweren Herzens eine Frau auf, die gegen Bezahlung Abtreibungen vornahm. Frau Quellmalz, eine 40jährige Witwe, so hatte Agnes erfahren, sollte schon vielen Frauen in einer solchen Situation geholfen und stets verläßlich und erfolgreich gearbeitet haben. Frau Quellmalz versprach auch Agnes, sie könne sich ihr unbesorgt anvertrauen.

Zuerst versuchte Frau Quellmalz, die Abtreibung ohne einen instrumentellen Eingriff vorzunehmen. Als verschiedene Tees keinen Erfolg zeigten, ging sie zu kräftigeren Mitteln über. Agnes mußte dreimal täglich eine verdünnte Lösung aus Schmierseife trinken. Agnes empfand Ekel vor dieser Prozedur. Doch sie glaubte fest an ihre Wirkung. Das Getränk blieb ohne Folgen – es rief keine innere Erkrankung hervor, wie Agnes befürchtet hatte –, es führte aber auch nicht zu der ersehnten Abtreibung.

Frau Quellmalz mußte erkennen, daß sie mit dieser Roßkur nicht weiterkam. Sie mußte nun andere Maßnahmen ergreifen. Sie bestellte Agnes für die nächste Nacht. Sie werde die Abtreibung instrumentell vornehmen. Dann sei Agnes mit Sicherheit von allen Sorgen befreit.

Agnes verbrachte die Nacht und den nächsten Tag voller Unruhe. Nur mühsam konnte sie die Büroarbeit bewältigen. Ihre Gedanken schweiften ab, angstvolle Vorstellungen drängten sich ihr immer wieder auf. Wie geht der Eingriff vor sich? Wird es weh tun? Was wird danach? Werde ich heimgehen können und alles wird endlich vorbei sein?

Am späten Abend verabschiedete sich Agnes von den Eltern. Sie sagte, sie wolle mit Horst noch ins Kino gehen. Als sie bei Horst eintraf, blickte dessen Wirtin Agnes mißbilligend an, es war schon nach 21 Uhr. Agnes teilte ihrem Freund mit, der Eingriff würde heute noch vorgenommen. Horst wollte sie begleiten, doch Agnes wünschte es nicht, sie hatte Frau Quellmalz versprechen müssen, daß niemand etwas davon erfahre.

Gegen 22 Uhr erschien Agnes bei Frau Quellmalz. Diese begrüßte sie mit einem optimistischen Lächeln. »Es ist gleich alles vorüber.« Sie schickte ihren Jungen ins Wohnzimmer, bat Agnes in die Küche und verschloß die Tür.

Nun war es soweit. Agnes verspürte Trockenheit im Mund und wachsende Panik. Am liebsten wäre sie davongelaufen. Frau Quellmalz forderte sie auf, ihren Unterleib freizumachen und sich mit gespreizten Beinen auf den Küchentisch zu setzen. Agnes entkleidete sich und sah, wie Frau Quellmalz ein Töpfchen vom Herd nahm, eine große Zinnspritze mit einem leicht gebogenen Ansatzrohr ergriff und damit die Flüssigkeit aus dem Töpfchen aufzog.

Die Seele tötet den Körper

»Sie erhalten eine Seifenwassereinspritzung«, erklärte Frau Quellmalz, »und die wirkt auch bei hartnäckigen Fällen Wunder. Ganz ruhig, es geht alles ganz schnell und schmerzlos.«

Im gleichen Augenblick, als Frau Quellmalz das Spritzenrohr in die Gebärmutter einführen wollte, sank Agnes' Oberkörper hintenüber auf die Tischplatte. Bestürzt zog Frau Quellmalz die Spritze heraus. Sie befürchtete, Agnes sei ohnmächtig geworden.

Aber Agnes war tot.

Frau Quellmalz war entsetzt. Sie konnte sich den tödlichen Unfall nicht erklären. Sie hatte ja noch gar nicht mit der Einspritzung der Seifenlösung begonnen. Es war doch nicht ihr Fehler! Aber das half ihr jetzt auch nicht weiter. Eine Tote in ihrer Wohnung – mit entblößtem Unterleib!

Was hier geschehen war, würde jedem Arzt, jedem Polizisten sofort offenbar.

Als gewerbsmäßige Abtreiberin, in diesem Fall mit Todesfolge, ginge sie mehrere Jahre ins Zuchthaus! Sie mußte sofort handeln.

Mit einigem Geschick gelang es ihr, die Tote wieder anzukleiden. Dann schloß sie die Tür auf und rief ihren Sohn. »Es ist etwas passiert, meine Besucherin ist plötzlich tot zu Boden gesunken. Ich könnte verdächtigt werden, sie getötet zu haben. Sie muß weg aus dieser Wohnung. Geh hinaus und sieh nach, ob jemand in der Nähe ist.« Der Junge nickte und ging hinaus auf die nächtliche Straße. Sie lag leer und verlassen im Licht der Gaslaternen.

Der Junge kehrte zur Mutter zurück. Er blickte scheu auf die Tote.

»Ich habe niemanden gesehen, Mutter.«

Mit Hilfe des Jungen lud sich Frau Quellmalz die Leiche auf den Rücken, trug sie die Treppe hinab, betrat die Straße und schleppte dann ihre Last einige Häuserblocks weiter. Sie legte die Tote auf den Gehweg und kehrte zurück – unbeobachtet – wie sie glaubte.

Doch das war ein Irrtum. In dem Haus gegenüber ihrer Wohnung hatte eine schlaflose Frau am Fenster gesessen und den Vorgang beobachtet.

Als am nächsten Tag der Leichenfund bekannt wurde, meldete sie sich bei der Polizei.

Bei einer Durchsuchung der Wohnung von Frau Quellmalz wurde die Zinnspritze, versteckt im Ofenrohr, gefunden. Frau Quellmalz wurde festgenommen.

Nach anfänglichem Leugnen gestand sie, eine Abtreibung versucht zu haben, bei der die junge Frau starb. Sie versicherte, am Tode der jungen Frau unschuldig zu sein, sie hätte die Spritze noch gar nicht in Tätigkeit gesetzt.

Die gerichtsmedizinische Obduktion bestätigte ihre Aussage. Bei einer unsachgemäßen Einspritzung in die Gebärmutter kann mit der Flüssigkeit Luft in die Gebärmutter und von dort in den Kreislauf gelangen. Die Luftblase führt dann zum Herzstillstand.

Aber die Überprüfung des Herzens ergab keine Anzeichen einer Luftembolie. Der äußere Muttermund war unverletzt, die Eiblase nicht eröffnet und nicht von der Gebärmutter abgelöst. Die mikroskopische Untersuchung des Herzfleischs und anderer Organe sowie eine toxikologische Untersuchung der inneren Organe blieben erfolglos. Es gab keine andere Erklärung für den plötzlichen Tod als eine tödliche Schockwirkung.

In einem Aufsatz über »Todesfälle im Rahmen emotionaler Belastung« schrieb 1974 Prof. W. Janssen vom Hamburger Institut für gerichtliche Medizin und Kriminalistik: »Es gehört zum wissenschaftlich gesicherten Erfahrungsgut, daß Emotionen – wie Angst, Freude, Schreck, Erregung, seelischer Schock und psychisches Trauma – im menschlichen Organismus zu verschiedenen Reaktionen führen können.« Sie wirken sich besonders auf Herz und Kreislauf aus. Grundsätzlich bestehe die Möglichkeit, daß solche psychischen Reaktionen durch äußere Eingriffe ausgelöst würden und als somatisch wirksame Faktoren zum Tode führen.

Das war, wie die Obduktion nachwies, bei Agnes Neumeister der Fall gewesen. Die ungewollte Schwangerschaft, die Angst vor den Eltern und schließlich vor dem Eingriff hatten die junge Frau emotional bereits so belastet, daß dann allein der Anblick und die bloße Vorstellung von der Einführung der Spritze genügten, um den tödlichen Schock auszulösen.

Die Mediziner hatten bei der Obduktion keine krankhaften Veränderungen des Herzens gefunden, die den Zusammenbruch des Kreislaufsystems begünstigt hätten. Die meisten Forscher betonen allerdings, der psychogene Tod trete nur dann ein, wenn das Herz bereits vorgeschädigt ist. Das Herz sei dann der affektiv bewirkten Belastung nicht mehr gewachsen.

Dabei, so ergab die Forschung, spiele es keine Rolle, ob die emotionale Belastung dem Außenstehenden unerheblich erscheint. »Je labiler das System ist, desto größer wird die relative Kreislaufbelastung«, schrieb der Wiener Rechtsmediziner W. Boltz. Das auslösende äußere Geschehen schädige oder töte nie unmittelbar. »Es gewinnt erst Bedeutung durch den rein individuell bedingten Erlebniswert.«

Schreck und Schock sind plötzlich auf den Menschen eindringende Ereignisse. Aber nicht allein diese können den psychogenen Tod bewirken.

An einem warmen Septembertag stieg der 76jährige Felix Baumgärtner in die Straßenbahn, der schwarze Anzug und die schwarze Krawatte standen in düsterem Gegensatz zu dem sonnigen Herbsttag. Baumgärtners Ziel war der Friedhof. In einer halben Stunde sollte dort seine Tochter beerdigt werden. Baumgärtners Frau war schon vorausgefahren. Er selber scheute all die traurigen Vorgänge, die eine Beerdigung mit sich brachten – die Begrüßung der Trauergäste, die Beileidsbekundungen, die Kränze, das stumme Warten in der Trauerhalle –, er wollte dem entgehen und erst im letzten Augenblick eintreffen. Baumgärtner empfand den Sonnenschein als bedrückend.

Er und seine Frau hatten Wochen voller Verzweiflung hinter sich, seit sie die Mitteilung erhielten, ihre Tochter habe Selbstmord begangen. Der plötzliche Tod hatte sie überrascht, völlig unvorbereitet getroffen. In ergebnislosen Grübeleien hatten sie nach den Motiven gesucht, Fragen gestellt nach Versäumnissen und Schuld.

Baumgärtner blickte auf die Uhr. Er war sicher zu spät abgefahren. Hoffentlich kam er noch zur rechten Zeit auf dem Friedhof an.

Bilder aus der Vergangenheit tauchten in seiner Erinnerung auf. Glückliche Tage, als Franziska noch ein Kind war.

Baumgärtner schob seine Hand zwischen Hals und Oberhemd. Er versuchte den Kragen etwas zu lockern. Er verspürte Atemnot.

Ein Ruck, quietschende Bremsen, die Straßenbahn blieb stehen. Stand und fuhr nicht weiter.

Baumgärtner erhob sich, ging zur Fahrerkabine und sah eine andere Straßenbahn, die ebenfalls stillstand.

Mehrere Minuten vergingen, 10, 20, Baumgärtner wurde unruhig. Er würde den Friedhof nicht mehr rechtzeitig erreichen. Zu spät kommen, zur Beerdigung seiner Tochter! Seine Frau beunruhigt, die Trauergäste verwundert. Eine Hitzewelle durchflutete ihn, trieb ihm Schweiß auf die Stirn.

Sein Hemd wurde feucht und klebte am ganzen Körper.
Endlich fuhr die Straßenbahn wieder an. Zu spät! Er würde zu spät kommen!

Baumgärtner hatte es geahnt: Als er endlich die Friedhofskapelle erreichte, begaben sich die Trauergäste von der Leichenhalle mit dem Sarg bereits zur Grabstätte.

Baumgärtner blieb stehen, er wußte nicht, was er jetzt tun sollte. Dem Zug folgen? Am liebsten hätte er hier gewartet, bis alles vorbei war.

Er entschloß sich, dem Trauerzug nachzueilen.

Nach einigen Schritten sank er tot zu Boden.

Der Rechtsmediziner W. Boltz obduzierte den Toten.

Dabei stellte er eine mäßiggradige Sklerose der peripheren Schlagadern und eine ausgedehnte, erhebliche Verkalkung und Verengung der Herzkranzgefäße, außerdem weitere Schäden am Herzen sowie Leberstauung und Nierenschrumpfung fest.

W. Boltz schrieb in seinem Bericht: »Die Funktionsschwäche des Herzens lag bei diesem Fall vorwiegend in der muskulären Minderleistung und der chronischen Durchblutungsstörung.« Erhebliche emotionelle Momente hätten augenscheinlich den Tod eingeleitet, da das vegetative Nervensystem den Kreislauf stark beeinflußt.

Also nicht nur psychische Belastungen wie Schreck oder Schock können töten, sondern auch andere psychische Belastungen im Leben – Streß, Angst, Sorge, Kummer, lang anhaltende oder wiederholte Aufregungen – lassen Herzen mit geringer Reservekraft versagen und den Kreislauf zusammenbrechen.

Das war im Fall des Felix Baumgärtner deutlich erkennbar.

Bekannt ist auch der psychogene Tod beim Sterben eines geliebten Menschen, gerade bei kreislaufgeschädigten alten Menschen. So kommt es vor, daß der eine den Tod des anderen Ehepartners nicht überlebt.

Dann, so der Rechtsmediziner K.-D. Stumpfe, »stirbt der Mensch still und gelassen ohne Gegenwehr in ein bis zwei Tagen«. Diesem Tod gehen »Resignation mit Aufgabe der Hoffnung« und »eine Apathie mit Verlust jeglicher Gefühlsäußerung« voraus sowie »völlige Passivität und jeglicher Wille zum Leben«.

Oft sagt man dann: »Er/sie starb an gebrochenem Herzen.«

Aber nicht nur Schreck, Schock, Trauer und Verzweiflung können töten, das vermag auch Freude.

Ende April 1998, wie »Bild am Sonntag« berichtete, starb ein 34jähriger Zuschauer am Ende eines Fußballspiels.

Der junge Mann war ein begeisterter Anhänger des FC Kaiserslautern. Seit Jahren, so heißt es in dem Bericht, ließ der »Dauerkartenbesitzer«, der als Büroangestellter arbeitete, kein Heimspiel der »Roten Teufel« aus. Er weinte beim Abstieg aus der 1. Liga, feierte den Wiederaufstieg und begleitete seine Mannschaft auf dem Weg zum Tabellenführer.

Als das entscheidende Tor geschossen wurde und das Jubelgeschrei der Fans das Stadion erfüllte, sank der Mann tot nieder. Er war herzkrank, hatte bereits drei Bypässe und trotz der Warnung seiner Ärzte, sich vor Aufregung zu hüten, das Spiel besucht.

Ein klassischer Fall eines psychogenen Todes durch Freude.

Ohne noch einmal näher auf die komplizierte Wechselwirkung zwischen auslösendem Ereignis, einer physischen Erkrankung und der körperlichen Reaktion einzugehen, bleibt die Tatsache, daß der psychogene Tod unbestritten ist, gleich ob er, wie die meisten Forscher überzeugt sind, nur bei Menschen mit Herz-Kreislauf-Problemen auftritt oder – wie im Fall der Agnes Neumeister – auch bei solchen Personen, bei denen eine krankhafte Veränderung nicht nachweisbar ist.

So stellt sich der psychogene Tod als eine komplexe Verflechtung, »als Extrembeispiel eines psychosomatischen Geschehens, welches zum Tode führt« (K.-D. Stumpfe), als »emotional ausgelöste tödliche Kreislaufschwäche« dar.

Psychischer Mord

Regie eines Mordes

Manchmal war es Jürgen Hauer selbst unbegreiflich, warum er Annette Weißgerber zu seiner Geliebten gemacht hatte. Sie hatte seiner Frau weder Schönheit noch Charme voraus. Auch ihre sexuelle Leidenschaft hielt sich in Grenzen. Reichtümer besaß sie ebensowenig wie einen einträglichen Beruf. Kein Mann blickte ihr nach, wenn sie über die Straße ging. Man sah das Allerweltsgesicht der 28jährigen und vergaß es wieder. Warum also war Jürgen Hauer diesem unscheinbaren Mädchen verfallen?

Allmählich aber hatte er seine unterbewußten Gründe für diese Entscheidung begriffen. Annette hatte seiner Frau doch etwas voraus. Hauers Frau Hilde, die ihm zwei Kinder geboren hatte und mit dem dritten schwanger war, war keine bequeme Ehegattin. Hauer fühlte sich von ihr bevormundet. Sie würdigte seine, wie er meinte, aufopfernde Tätigkeit für das Wohl der Familie nicht genügend. Sie nannte ihn träge und faul, wenn er morgens zu lange im Bett blieb und zu spät zu seiner Tätigkeit als Versicherungsvertreter aufbrach. Nach zehn Ehejahren war ihm Hildes verdrossene Nörgelei immer lästiger geworden. Dann hatte er bei Bekannten Annette kennengelernt, diese unscheinbare junge Frau, die – wie man ihm erzählte – bisher keinen

Mann gefunden hatte. Ein spätes Mädchen, wie man mit ironischem Spott meinte.

Noch keinen Mann gefunden – diese Mitteilung hatte Hauers Neugier geweckt. War sie zu scheu, zu gefühllos? Hatte sie zu hohe Ansprüche? Er wollte es herauskriegen. Er hatte sich zu ihr gesetzt und sie mit seinen Vertreterwitzen unterhalten und Befriedigung über ihr Interesse empfunden. Er glaubte auch, es sei noch mehr als Interesse gewesen. Bewunderung vielleicht für seine aufgeschlossene lockere Art, die er sich als Versicherungsvertreter angeeignet hatte, mit der er aber seine Frau schon lange nicht mehr beeindrucken konnte.

Der zufälligen Begegnung folgte ein verabredetes Treffen. Bald fand sich Jürgen Hauer, wenn auch unregelmäßig, wie es seine Tätigkeit gerade erlaubte, für Stunden in Annettes Wohnung ein. Die Zeit reichte, um miteinander zu schlafen.

Jürgen hatte sich nicht getäuscht: Annette hatte sich in ihn verliebt, und er genoß ihre unterwürfige Anbetung. Annette hatte es schon lange aufgegeben, einen Mann zu finden, der sie beachtete und liebte. Auch wenn dieser Mann verheiratet war, so war doch augenscheinlich, daß er sie seiner Frau vorzog. Und vielleicht, wenn er sich eines Tages scheiden ließe, würde es eine Bindung fürs Leben.

So dauerte das Verhältnis zwischen Annette und Jürgen schon über ein Jahr an. Nicht sexuelle Leidenschaft kettete das Paar aneinander, der eine brauchte den anderen: Jürgen bot Annette Aufmerksamkeit und Zuwendung, sie zollte ihm Anerkennung und gab ihm die Gewißheit, daß sie ihm willenlos ergeben war.

Vergleiche der Untertänigkeit Annettes mit Hildes nörgelnder Unzufriedenheit wurden für Jürgen langsam unerträglich. Hildes Schwangerschaft verstärkte ihre launischen Anfälle. Vielleicht machte es sie auch mißtrauisch, daß Jürgen einen ungewohnten Arbeitseifer zeigte und immer häufiger spät abends noch unterwegs bei Kunden war.

Jürgen begann sich zu fragen, wie er sich von Hilde befreien könnte. Eine Scheidung schloß er aus. Er hätte Unterhalt zahlen und für die Familie sorgen müssen. Einfach verschwinden, untertauchen, irgendwo mit Annette ein neues Leben beginnen! Immer wieder hörte man von diesen entschlossenen Ausbrechern aus einer gewohnten Ordnung. Aber für Jürgen kam das nicht in Frage. Er fürchtete sich vor einer ungewissen Zukunft. Er grübelte, suchte nach einem Ausweg und endete fast zwangsläufig bei Mord. Doch auch davor schreckte er zurück. Er war ein gefühlsarmer Mensch. Haß gegen Hilde empfand er nicht, sie war ihm einfach nur lästig. Er besaß keine affektiven Triebkräfte für einen Mord. Zudem hinderte ihn die Angst vor Strafe. Er wollte aber keinesfalls auf die gewaltsame Befreiung von seiner Frau verzichten. Einen Killer zu mieten, erschien ihm zu teuer und zu gefährlich; der könnte ihn nach der Tat erpressen.

Von nun an war es nicht mehr weit bis zu der Überlegung, ob Annette nicht diese Aufgabe übernehmen könnte. Annette liebte ihn, Annette gehorchte ihm. Allerdings: Würde ihr Gehorsam so unerschütterlich sein, auch für ihn zu töten? Sie war kein willensstarker Mensch, eher zart beseelt, zurückhaltend, überhaupt sehr passiv. Wie sollte sie den Mut zu einer solchen Tat aufbringen? Sie würde sich einem solchen Auftrag gewiß widersetzen. Er konnte nicht auf sie zählen.

Hildes Ermordung, erst einmal in Gedanken erwogen, beschäftigte Jürgen nun Tag um Tag, wurde regelrecht zur Zwangsvorstellung. Sie bedrängte ihn so, daß er das Problem einfach nicht mehr für sich behalten konnte. Er mußte mit jemandem darüber sprechen. Natürlich konnte er sich nur Annette anvertrauen.

Eines Abends, als Jürgen sich nach flüchtigem Liebesspiel aus Annettes Armen löste, sagte er, er wünsche ihrer Beziehung ewige Dauer. Noch niemals hatte Jürgen sich derart eindeutig über ihre gemeinsame Zukunft geäußert. Annette nahm seine Worte glücklich auf. Leider, fügte Jürgen hinzu, bliebe das aber nur ein schöner Traum, solange er an Hilde gebunden und an eine Scheidung nicht zu denken sei.

»Wenn Hilde nur tot wäre!«

»Schließlich kannst du sie ja nicht umbringen«, antwortete Annette deprimiert.

»Nein, natürlich kann ich sie nicht umbringen. Doch ich denke eben manchmal daran. Ehrlich gesagt, immer öfter. Ich kann mich einfach nicht dagegen wehren.«

»Und wie wolltest du sie töten?«
»Ich tue es ja doch nicht.«
»Gott sei Dank! Ich hätte Angst um dich. Aber es ist ja nur ein Gedankenspiel, das beruhigt mich.«

Damit war das Gespräch beendet. Doch Jürgen war aufgefallen, wie gelassen Annette seine Mordgedanken aufgenommen hatte. Sicherlich, sie waren ihr nur als Gedankenspiel erschienen. Aber ihr Einspruch war schwächer, als er erwartet hatte – wahrscheinlich, weil er beteuert hatte, es ja doch nicht zu tun.

Einige Tage später kam Jürgen wieder auf sein »Gedankenspiel« zu sprechen.

»Es wäre wirklich am besten, wenn Hilde aus unserem Leben verschwindet. Aber obgleich ich eine Pistole besitze, könnte ich mich nie dazu aufraffen, sie zu töten. Traurig, nicht wahr?«

Annette gestand, auch sie habe sich schon mit Hildes Tod beschäftigt.

Jürgen erwiderte, er habe sogar an einen bezahlten Mörder gedacht. Für den wäre das Ganze einfach. Er erhielte eine genaue Beschreibung der Wohnung, Hinweise, wann er Hilde allein antreffe, um die Tat auszuführen. Die Kinder sollten ja nicht dabei sein. Es müßte geschehen, wenn sie in der Schule wären. »Aber was rede ich da, es ist ja nur ein Hirngespinst«, meinte er dann zögernd.

Annette hörte schweigend zu. Jürgen war insgeheim verärgert, daß sie überhaupt nicht reagiert hatte.

Als sie das nächste Mal zusammen waren, nahm Annette das Gespräch über den Mord wieder auf. Sie ließ sich die Wohnung beschreiben, die Schulzeit der Kinder, die Gewohnheiten Hildes. Jürgen war verblüfft. Würde Annette ihm die Tat abnehmen?

Von nun an ging Jürgen das Unternehmen entschlossen und zielgerichtet an. Mit großem Geschick wandte er seine anfangs unbewußte, aber anscheinend erfolgreiche Strategie an, vom Nutzen des Mordes und seiner Durchführung zu reden und ihn gleich danach wieder abzulehnen. Zumeist nahm Annette seine Worte kommentarlos auf, bis sie ihn mit der Frage überraschte, ob Jürgen ihr einmal die Pistole zeigen und ihr den Gebrauch erklären würde.

Erfreut sagte Jürgen zu, brachte beim nächsten Besuch die Pistole mit und erklärte Annette ihre Funktion.

Am folgenden Vormittag, als Hilde allein zu Hause war, suchte Annette die Frau ihres Geliebten auf und tötete sie mit dessen Pistole.

Ferdinand Schoen hatte diesen Fall psychiatrisch zu begutachten.

Er sagte dazu u. a.: »Diese Frau war suggestiven Einflüssen unterlegen, ohne daß ihr diese richtig zu Bewußtsein kamen. Dabei wurde sie zur Mörderin. Ihr Geliebter, der Ehemann der Ermordeten, war nach dem Empfinden aller an der Verhandlung Beteiligten der ›Regisseur‹

des Mordes. Die Mörderin handelte in allem wie in einer Hypnose und gab an, sie hätte nur das getan, was der des Mordes mitangeklagte Ehemann gesagt und gewollt hätte. Sie war im unklaren darüber, wie und wo sie die einzelnen Kenntnisse, die sie nur von ihm mitgeteilt bekommen haben konnte, in Erfahrung gebracht hatte ... So nahm die Mörderin immer mehr Kenntnisse in sich auf, und zuletzt entstand aus Liebe zu dem Mann der Mord an ihrer Nebenbuhlerin.«

Schöen sah die Täterin als ein Opfer der Wachsuggestion. Ihre Tat entsprach letzten Endes ihrem eigenen Wollen und Empfinden. Der Einfluß der Wachsuggestion für das Begehen von Verbrechen wird meist unterschätzt. »Hier lag eine ganz raffinierte und bis in alle Einzelheiten ausgedachte Art der Beeinflussung vor, bei welcher der Verbrecher nicht in einem für das Gericht verantwortlichen Maß zutage trat.

Die Angeklagte wurde zum Tode verurteilt und hingerichtet. Der des Mordes mitangeklagte Ehemann der Ermordeten wurde wegen Mangels an Beweisen freigesprochen. Es unterlag aber keinem Zweifel, daß der moralische Täter der Mitangeklagte gewesen war.«

Wenige Jahre später trug sich in Frankfurt am Main ein ähnlicher Fall zu. Darüber berichtet der Heidelberger Arzt Dr. Ludwig Mayer. In der Nacht vom 4. zum 5. Dezember 1934 sprang die 14jährige Hildegard Höfeld von der Deutschherrnbrücke in den Main. Der Selbstmord scheiterte. Hildegard konnte sich ans andere Ufer retten.

Bei der Vernehmung der Eltern und des Mädchens stellte sich heraus, daß die Eltern und ihre 16jährige Tochter Minna das Kind jahrelang seelisch und körperlich mißhandelt hatten. Immer wieder hatten sie Hildegard eingeredet, sie sei so schlecht, daß sie den Tod verdient habe. In jener Nacht eskalierte der Konflikt. Der Vater forderte das Mädchen auf, ihn zu begleiten. Beide verließen die Wohnung und begaben sich zu jener Mainbrücke.

Der Vater befahl Hildegard, über das Geländer zu klettern und in die Tiefe zu springen.

Die Eltern wurden durch das Schwurgericht in Frankfurt des Mordes angeklagt, weil sie vorsätzlich und mit Überlegung den Tod ihren jüngsten Kindes herbeizuführen versucht hatten. Zusätzlich wurde der Vater wegen schwerer körperlicher und seelischer Mißhandlung der Tochter angeklagt.

Zum ersten Mal bestrafte hier ein deutsches Gericht den psychischen und physischen Zwang zum Selbstmord als Mord bzw. Mordversuch: Die Eltern wurden wegen gemeinschaftlichen Mordversuchs und schwerer Kindesmißhandlung zu je 15 Jahren Freiheitsentzug verurteilt.

Dr. Mayer hält es, wie dieser Fall zeigt, grundsätzlich für möglich, »daß eine jugendliche und unkritische

Persönlichkeit, die sonst geistig und körperlich völlig gesund sein kann ... lediglich systematisch durch dauernd schlechte Behandlung, unglückliche häusliche Verhältnisse, übertriebene Bestrafung kleiner Fehler zu einer verzweifelnden und lebensverneinenden Betrachtung ihres Ichs gedrängt wird.« Diese suggestive Umwandlung der Eigenkritik bewirkt eine erhöhte psychische Labilität, die wiederum die Möglichkeit von Verbrechen auf suggestiver Grundlage schafft. Es entstehen seelische Zwangszustände, bei denen Selbstmord als einziger Ausweg erscheint.

Der bekannte Jurist Prof. Middendorf wies 1982 darauf hin, daß es neben dem psychogenen Tod auch den psychischen Mord gibt. Dieser sei allerdings durch die Obduktion nicht nachweisbar, wenn der Täter keinerlei physische Einwirkung auf das Opfer ausgeübt hat. Middendorf nannte drei verschiedene Strategien eines Täters, der durch psychische Einwirkung einen perfekten Mord zu vollbringen sucht.

Die erste Strategie: Der Täter veranlaßt durch Täuschung oder Überredung das Opfer, sich selbst in eine lebensgefährliche Situation zu bringen, z. B. überredet er einen schwer herzkranken Menschen, ihn auf einer anstrengenden Gebirgswanderung zu begleiten, vielleicht sogar noch bei Fönwetter, dem der Kreislauf nicht gewachsen ist.

Die zweite Strategie: Der Täter veranlaßt sein Opfer

zum Selbstmord oder fordert den vom Opfer beabsichtigten Selbstmord oder verhindert ihn nicht: »Die Verstärkung von Schuldgefühlen beim Partner während einer Depressionsphase kann zu dessen Selbstmord führen. Es ist auch möglich, daß ein Partner den anderen zu einem Doppelselbstmord überredet und ihn dann zuerst sterben läßt, ohne selbst diese Absicht zu haben.« Dazu gehört auch der psychische Zwang innerhalb von Sekten, die Mitglieder veranlaßt, sich selbst zum Opfer zu bringen.

Die dritte Strategie: Der Täter wirkt direkt psychisch auf sein Opfer ein, um ohne dessen Mitwirkung seinen Tod zu erreichen. Beispielsweise geschehen in Konzentrationslagern. »Und zwar durch eine völlig willkürliche Behandlung, durch unberechenbares Verhalten des Personals, erzwungene Selbsterniedrigung der Insassen und die ungewisse Zukunft ... Wer sich selbst aufgab, war schon verloren.« Auch der Rechtsmediziner K.-D. Stumpfe nannte die hilflose und ausweglose Situation des Gefangenseins in einem Kriegsgefangenen- oder Konzentrationslager als Ursache des psychogenen Todes bzw. psychischen Mordes.

Am Schluß dieses Kapitels soll ein Fall stehen, in dem die strategische Planung eines psychischen Mordes geschildert wird. Der Text stammt von einem jungen Militärarzt. In seiner Dissertation 1780 hatte er über den Zusammenhang von körperlicher und geistiger Natur des Menschen geschrieben, daß beide eng miteinander verschlungen seien und sich »wechselweise mitteilen und verstärken«. Also: die Tätigkeit des Körpers entspreche der Tätigkeit des Geistes; d. h. starke Überspannung von Geistestätigkeit hat jederzeit eine gewisse körperliche Aktion zur Folge ...

1781 setzte der Autor die Erkenntnis vom Zusammenhang von Geist, Seele und Körper in einer konkreten Figur um. Der junge adlige Franz M. plant, seinen Vater zu beseitigen, um Herr des väterlichen Besitzes zu werden.

Es soll ein vollkommener Mord und nicht nachweisbar sein – ein psychischer Mord.

Und so stellte der Militärarzt die Strategie des Psychomordes dar:

Franz von Moor (nachdenkend in seinem Zimmer):
»Es dauert mir zu lange ... das Leben eines Alten ist doch eine Ewigkeit! – und nun wäre freie ebene Bahn bis auf diesen ärgerlichen zähen Klumpen Fleisch, der mir ... den Weg zu meinen Schätzen verrammelt. ... Ein Licht ausgeblasen, das ohnehin nur mit den letzten Öltropfen noch wuchert – mehr ist's nicht – und doch möchte ich das nicht gern selbst getan haben, um der Leute willen. Ich möchte ihn nicht gern getötet, aber abgelebt. Ich möchte es machen wie der gescheite Arzt (nur umgekehrt). – Nicht der Natur durch einen Querstrich den Weg verrannt, sondern sie in ihrem eigenen Gange beför-

dert. Und wir vermögen doch wirklich die Bedingungen des Lebens zu verlängern, warum sollten wir sie nicht auch verkürzen können?

Philosophen und Mediziner lehren mich, wie treffend die Stimmungen des Geistes mit den Bewegungen der Maschine zusammen lauten. Gichtrische Empfindungen werden jederzeit von einer Dissonanz der mechanischen Schwingungen begleitet – Leidenschaften mißhandeln die Lebenskraft – der überladene Geist drückt seine Gehäuse zu Boden – Wie denn nun? – Wer es verstünde, dem Tod diesen ungebahnten Weg in das Schloß des Lebens zu ebnen? – den Körper vom Geist aus zu verderben – ein Originalwerk! – wer das zustande brächte? – Ein Werk ohne gleichen!« ...

Der Leser weiß es längst: Dieser Text ist ein Monolog des Franz Moor aus Schillers »Die Räuber«.
Was die Wissenschaft heute über den psychogenen Tod weiß, ahnte der Dichter bereits und stellte es mit lapidaren expressiven Sprachbildern dar.

Mordgeständnis im Schlaf

Es hätte eine Horrorszene aus einem Film sein können: Der Ermordete kehrte immer wieder zurück, bis er seinen Mörder tötete.

Obwohl mit einem Stein beschwert, tauchte die Leiche aus den Tiefen des Wassers wieder auf. Später stieg sie aus der Tiefe des Unterbewußten in die Träume des Mörders empor und ängstigte ihn, bis er sich selbst dem Fallbeil auslieferte.

Es ist eine wahre Horrorgeschichte aus dem Anfang unseres Jahrhunderts. Georg Brettschneider war in Düsseldorf aufgewachsen. Dort hatte er den Beruf eines Fliesenlegers erlernt und ihn auch kurze Zeit ausgeübt. 1916 wurde der 18jährige zum Kriegsdienst eingezogen, durch einen Granatsplitter leicht verletzt und dann wieder an die Front geschickt. Die Novemberrevolution 1918 beendete den Krieg. Aber der Frontsoldat Brettschneider kehrte nicht zu seiner früheren Tätigkeit zurück. Wie viele andere, die der Krieg dem normalen Leben entfremdet hatte, suchte er nach einem Leben außerhalb der gesellschaftlichen Ordnung, denn diese Gesellschaftsordnung war selber aus den Fugen geraten. Nach Kriegsende befand sich Deutschland auf Jahre in einem bürgerkriegsähnlichen Zustand. Tausende Massenerhebungen erschütterten ganze Provinzen, konterrevolutionäre Freikorps formierten sich. Der Wert des Geldes sank ins Bodenlose, die Parteien erwiesen sich als unfähig, das staatliche, wirtschaftliche und moralische Chaos zu beseitigen.

Georg Brettschneider sah keinen Anlaß, sich in eine solch zerrüttete Gesellschaft einzufügen und als braver Fliesenleger sein Dasein zu fristen. Er war jetzt 21 Jahre alt und kriegserfahren, er besaß eine Pistole, liebte das ungebundene Leben und war entschlossen genug, sich gewaltsam zu nehmen, was er dafür brauchte. Brettschneider wurde zum berufsmäßigen Einbrecher. Bald schloß sich der Einzelgänger mit anderen Desperados zu einer Bande zusammen. Sein Bruder gehörte dazu, außerdem Brettschneiders Freunde Beh und Massen. Aber die Bande der jungen Einbrecher hatte wohl doch ihre Geschicklichkeit überschätzt. Eines Tages, im August 1919, wurde Massen als erster bei einem Einbruch von der Polizei gestellt. Der Untersuchungsrichter hatte genügend Beweise, daß Massen einer Bande angehörte. Er forderte ihn auf, seine Mittäter zu nennen. Massen schwieg. Der Untersuchungsrichter gab ihm Bedenkzeit und drohte ihm mit Gefängnis, wenn er seine Kumpel nicht verrate. Danach ließ er ihn frei.

Massen traf sich mit seinen Freunden. Er riet ihnen, aus Düsseldorf zu verschwinden, er könne sie nicht länger decken.

Brettschneider bekam Angst. Er wollte Düsseldorf nicht verlassen, hier kannte er sich aus, hier glaubte er auch weiterhin erfolgreich zu sein.

Er ging zu Beh.

»Massen würde uns bestimmt verzinken«, sagte Brettschneider, »aber nicht wir werden verschwinden, Massen muß verschwinden.« Dann teilte er Beh seinen Plan mit. Beh war einverstanden, Brettschneider bei der Ermordung Massens zu helfen.

Beide teilten Massen mit, sie wollten zu dritt am Rhein, nahe der Schnellenburg, einen Geldtransport überfallen. Rätselhaft bleibt, warum Massen trotz seiner erneut drohenden Verhaftung bereit war, an dem Raubzug teilzunehmen.

Am nächsten Tag trafen sich Brettschneider, Beh und Massen abends an der Schnellenburg. Es begann schon zu dunkeln. Sie versteckten sich in einem Gebüsch. Aber der Wagen mit dem Geldtransport kam nicht. Massen wurde müde. Er legte sich bäuchlings nieder und schlief ein. Brettschneider zog seine Pistole und schoß den Schlafenden in den Rücken. Massen bäumte sich jäh auf. Bevor er begreifen konnte, was mit ihm geschah, tötete ihn Brettschneider mit einem Schuß in den Hinterkopf.

Brettschneider und Beh schleppten die Leiche ans Rheinufer. Nun war es völlig dunkel. Brettschneiders Mut hatte für den Mord ausgereicht. Jetzt fühlte er sich ganz elend. Doch die Tat mußte vollendet werden, es durfte keine Spur zurückbleiben. Er hatte einen Strick mitgebracht, den übergab er Beh. »Binde ihm den Strick um den Bauch.« Brettschneider suchte nach einem großen Stein, fand einen und übergab ihn Beh. »Den Stein an den Strick!« Beh befestigte den Stein am Strick. »Und jetzt schmeiß ihn in den Rhein!«

Aber der Tote war Beh zu schwer. Brettschneider mußte mit Hand anlegen. Sie warfen die Leiche ins Wasser.

Sie versank nur langsam in der Tiefe.

Nach Hause zurückgekehrt, wusch sich Brettschneider die Hände. Er setzte sich hin und dachte nach. Hatte er wirklich keine Spuren hinterlassen? War der Mord wirklich der einzige Ausweg gewesen? Er sah sich auf Massen schießen – in den Rücken, in den Kopf. Sah, wie sie die blutige Leiche zum Rheinufer schleppten. Er betrachtete sein Hände. Er glaubte, noch Reste von Blut daran zu erkennen. Er erhob sich und ging zum Wasserhahn, schrubbte sich die Hände erneut.

Bevor er sich zu Bett legte, wusch er die Hände zum dritten Mal.

In den nächsten Tagen machte ihn dieser Drang, sich ständig die Hände zu waschen, fast wahnsinnig.

Nach einer Woche las er im Düsseldorfer Tageblatt, bei der Schnellenburg sei eine unbekannte Wasserleiche aufgetaucht. Es liege Mord vor, vom Täter fehle jede Spur.

Brettschneider beschloß, zur Beichte zu gehen. Aber die Absolution erleichterte ihn nicht.

Erst nach Wochen konnte er sich allmählich von seinem Waschzwang befreien.

Den nächsten Einbruch unternahm er zusammen mit seinem Bruder. Brettschneider stieg in ein Haus ein, der Bruder stand Wache. Als er bereits in der fremden Wohnung war, hörte Brettschneider draußen einen Wortwechsel. Er ging zum Fenster. Ein Polizist wollte seinem Bruder gerade Handschellen anlegen. Brettschneider sprang hinaus auf die Straße und schoß auf den Polizisten. Der brach zusammen. Die beiden Brüder ließen ihn liegen und liefen davon – einer Polizeistreife genau in die Arme.

Brettschneider wurde wegen Mordversuchs zu vier Jahren Zuchthaus verurteilt. In der Haftanstalt galt Brettschneider als ruhiger und bescheidener Gefangener. 1923 wurde er entlassen. Schon ein Jahr später erhielt er wegen neuer Straftaten wiederum eine Freiheitsstrafe von mehreren Jahren.

Brettschneider teilte die Zelle mit zwei weiteren Häftlingen, Paul Krüger und Otto Kuhnert.

Eines Tages, bei einem Hofspaziergang kurz vor Weihnachten, gingen Brettschneider und Krüger nebeneinander. Brettschneider wies auf einen Häftling vor ihnen, der habe seiner Frau die Kehle durchgeschnitten. Krüger nahm diese Nachricht schweigend auf. Nach einer Weile meinte Brettschneider, das sei eine eigene Sache: Wenn man einen Mord begangen hätte, das könnte man nicht so einfach wegstecken. Er hätte auch schon mal so was gemacht.

Krüger dachte, der will sich nur interessant machen, nie und nimmer ist der ein Mörder.

In der Weihnachtsnacht lag Krüger schlaflos auf seiner Pritsche. Er war zum ersten Mal im Gefängnis, noch

Untersuchungsgefangener, Kummer und Sorgen hielten ihn wach. Er hörte, wie sich Brettschneider unruhig hin und her warf und stöhnte.

»Kannst du auch nicht schlafen?« fragte Krüger. Er bekam keine Antwort. Krüger merkte, daß Brettschneider schlief und sich im Schlaf so hin und her wälzte.

Plötzlich murmelte Brettschneider: »Strick um den Bauch!«

Krüger war verwirrt. Brettschneider war also doch wach. »Was für einen Strick?« fragte er.

Krüger erhob sich und trat an Brettschneiders Bett. »Was für einen Strick?« fragte er erneut.

Schnarchende Laute waren die einzige Antwort. Brettschneiders Körper zuckte krampfhaft.

Krüger war sich jetzt sicher: Brettschneider schlief und sprach im Schlaf.

»Stein anbinden«, sagte Brettschneider jetzt. Und gleich darauf: »Schmeiß ihn ins Wasser! Der kann uns nicht mehr anzeigen.«

»He«, flüsterte Krüger und packte Brettschneider an der Schulter. »Wen soll ich ins Wasser schmeißen?«

Brettschneider richtete sich auf. Er hatte wirklich geschlafen. »Ist was?« fragte er verstört. »Warum hast du mich geweckt?«

»Nichts. Schlaf weiter«, erwiderte Krüger und ging wieder in sein Bett.

Am nächsten Morgen, als die drei Zellengenossen trübsinnig zusammensaßen – es war der erste Weihnachtsfeiertag –, fragte Krüger den Brettschneider, was die Worte wohl zu bedeuten hätten, die er im Schlaf gesprochen habe: Strick, Stein, Wasser.

»Strick, Stein, Wasser?« wiederholte Brettschneider verstört. Davon wisse er nichts.

»Und du hast gesagt, ich soll jemanden ins Wasser schmeißen.«

Brettschneider ließ sich Zeit mit der Antwort. Schließlich erinnerte er Krüger daran, daß er ihm schon vor Tagen gesagt hätte, daß er ein Mörder sei. Seine Tat ließe ihm keine Ruhe, der Ermordete suche ihn immer wieder im Traum heim. Manchmal habe sich der Tote aber auch schon in der Zelle unterm Bett versteckt.

Brettschneider erzählte dann, was vor fünf Jahren am Rheinufer an der Schnellenburg geschehen war. Er nannte Namen, Daten, Orte des Geschehens. Seine beiden Zuhörer konnten nicht länger bezweifeln, daß Brettschneider seinen Kumpan umgebracht hatte.

Otto Kuhnert blickte Brettschneider kopfschüttelnd an: »Warum erzählst du das alles? Du bist selber schuld, wenn sie dir den Kopf abhacken.«

Kurz darauf wurde der Untersuchungshäftling Paul Krüger zum Verhör geholt. Gleich zu Beginn der Vernehmung sagte er dem Untersuchungsrichter, er könne einen Mord aus dem Jahr 1919 aufklären. Krügers Bericht über Brettschneiders Traum und das folgende Geständnis gegenüber seinen beiden Zellengenossen wurde protokolliert.

Später vernahm der Untersuchungsrichter auch Otto Kuhnert. Er sollte schildern, was Brettschneider gesagt hatte. Kuhnert erklärte, er wisse nichts darüber. Aber inzwischen hatte er bereits anderen Gefangenen erzählt, daß Brettschneider ein Mörder sei.

So besaß der Untersuchungsrichter nun zwei Zeugen, die Brettschneiders Mordgeständnis gehört hatten. Der Mord war noch nicht verjährt. Der Untersuchungsrichter war entschlossen, den Fall aufzuklären und Brettschneider seiner Tat zu überführen.

Brettschneider wurde am 12. März 1925 vernommen. Er gab zu, damals eine amerikanische Armeepistole besessen zu haben, leugnete aber den Mord.

Er erklärte: »Ich bestreite, den Massen ermordet zu haben. Ich kann mich auch nicht besinnen, Einzelheiten über den Mord erzählt zu haben. Möglich ist, daß ich im Traum davon erzählt habe. Ich hatte von dieser Sache gehört und vielleicht auch in der Zeitung gelesen, daß eine unbekannte Leiche an der Schnellenburg gelandet sei. Ich bin mit Massen noch am 5. Juli 1924, am Tage meiner letzten Verhaftung, in einer Wirtschaft gewesen.«

Die Kripo wurde beauftragt nachzuforschen, was die Untersuchung über die im August 1919 gefundene, damals unbekannte Wasserleiche erbracht hatte, die möglicherweise die Leiche Massens war.

Die Unterlagen waren dürftig. Es gab lediglich einen Obduktionsbericht über einen jungen Mann, der aus dem Rhein bei der Schnellenburg gezogen worden war.

Seine Arme waren auf der Brust festgebunden, von hinten nach vorn, der Körper mit einem Stein beschwert.

Die gerichtliche Obduktion hatte folgendes ergeben: »Einen Durchschuß durch die Brust von hinten nach vorn, der hinten die 8. Rippe nahe der Wirbelsäule, vorn den 5. Rippenknorpel durchschlagen hatte. Ein zweiter Durchschuß fand sich am Kopf, Einschuß am Hinterkopf, der Ausschuß ging durch Türkensattel und Mund.«

Wer der Tote war, konnte damals nicht ermittelt werden.

Nun mußte festgestellt werden, ob der Tote aus dem Rhein tatsächlich mit Massen identisch war. Das Gericht ordnete eine Exhumierung an. Das Skelett des Toten war noch gut und vollständig erhalten.

Die nähere Untersuchung des Skeletts ergab unzweifelhaft die Identität des Ermordeten. Am Schädel fand sich eine Kriegsverletzung am Jochbein, die durch eine Krankengeschichte der Düsseldorfer Kieferklinik identifiziert werden konnte. An den rachitisch verkrümmten Schienbeinen war ein Callus von einer Operation in der Kindheit vorhanden. Ferner war der Durchschuß am Kopf und an der 8. Rippe zu sehen.

Der Tote war eindeutig Massen.

Die Staatsanwaltschaft erhob gegen Brettschneider Anklage wegen Mordes. Auch im Schwurgerichtsprozeß leugnete Brettschneider entschieden die Tat.

Er wiederholte: Was er seinen Zellengenossen über den Mord erzählt habe, habe er aus einem Zeitungsbericht erfahren. Die Zeitung sei als Einwickelpapier zu ihm ins Gefängnis gelangt. Der Richter hielt ihm entgegen, damals sei nur eine kurze Notiz über eine unbekannte Leiche erschienen. Erwähnt wurde nur eine Verletzung an der Brust.»Woher«, so fragte der Richter,»wußten Sie den Namen des unbekannten Toten, woher wußten Sie von dem Kopfschuß, woher kannten Sie all die anderen Einzelheiten?« Brettschneider hatte darauf keine Antwort.

Weiter über sein Mordgeständnis im Traum befragt, leugnete er, dergleichen gestanden zu haben. Wenn er im Traum über einen Mord gesprochen habe, dann sei das die Erinnerung an jenen Zeitungsbericht.

Die Staatsanwaltschaft war sich bei der Ausarbeitung der Anklage bewußt, auf welch schwankendem Boden sie stand. Eine Mordanklage, die sich im wesentlichen auf einen Traum stützte, das war in der modernen Kriminalgeschichte ein einzigartiger Fall. Deshalb hatte sie sich eines wissenschaftlichen Gutachters versichert, des Düsseldorfer Rechtsmediziners Dr. Berg, der auch als erfahrener psychologischer Sachverständiger galt. (Wenige Jahre später war Dr. Berg einer der Hauptgutachter gegen den Düsseldorfer Serienmörder Kürten.)

Dr. Berg berichtete 1925 auf der XIV. Tagung der Deutschen Gesellschaft für gerichtliche und soziale Medizin in Bonn über seine psychologischen Erkenntnisse im Fall Brettschneider. Er war dabei zu der Auffassung gelangt, daß jenem Traum ein wirkliches Erleben zugrunde lag. Nichts könne im Traum erscheinen, was nicht zuvor ins Bewußtsein eingegangen wäre. Daneben könne Traum aber auch einen Sinneseindruck halluzinieren. Der Traum reproduziere jedoch nicht nur Selbsterlebtes, sondern auch das, was wir gelesen und gehört haben.

»Stark affektbetonte Trauminhalte knüpfen in der Regel an wirkliche Erlebnisse an; solche, die in Form von Angstträumen öfter im Leben wiederkehren, sind nach meinen Beobachtungen stets selbst erlebt«, führte Dr. Berg aus und sagte dann weiter, es gäbe gegensätzliche Meinungen darüber, ob Mörder im Traum immer wieder einen Tod nacherleben. Manche Forscher seien der Ansicht, Mörder hätten meist einen ruhigen, traumlosen Schlaf. Nach seiner Überzeugung träfe das aber nur auf stumpfe und schwachsinnige Täter zu. Sensible, leicht erregbare Gemüter dagegen neigten zu affektbetonten Träumen. Brettschneider sei ein solch leicht erregbarer Psychopath. Der Zeuge Krüger habe beobachtet, wie sein Mordtraum affektiv ablief und er sich unruhig im Bett wälzte. Und Brettschneider hatte ja auch den beiden Zeugen gestanden, daß ihm der Mord schwer auf der Seele läge und er oft von jenem schrecklichen Ereignis träume. Der Waschzwang deute ebenfalls auf einen affektgeladenen Charakter hin.

»Also aus dem Wiederkehren des Affekttraumes bei Brettschneider habe ich auf ein früheres Miterleben des Trauminhaltes geschlossen. Den Geschworenen habe ich allerdings ausdrücklich gesagt, daß die notwendige Voraussetzung zu diesem Schluß die Glaubwürdigkeit des Zellengenossen Krüger sei, und ferner, daß ein solches *Miterleben* nicht ein *Mithandeln* zu sein brauche.

Dazu kommt aber noch ein zweites Wichtiges: Über seine Traumäußerung von den Zuhörern zur Rede gestellt, berichtet Brettschneider den ganzen Verbrechenshergang mit einer bis in die Einzelheiten gehenden Genauigkeit. Wohlverstanden, er erzählt nicht etwa seinen Traum, sondern einfach sein Erlebnis mit dem Mord an Massen. Seine Erzählung deckt sich inhaltlich mit dem am Traumreden erkennbaren Trauminhalt. Wir haben somit ein unbewußtes und ein bewußtes Preisgeben des bis dahin gehüteten Geheimnisses. Das eine bestätigt das andere. Wenn Brettschneider hinterher behauptet hat, er hätte mit seiner Erzählung geflunkert, so könnte er mit dieser Ausrede vielleicht seinen Bericht an die Genossen entkräften, nicht aber sein Traumreden. Denn das Traumreden als Ausdruck des Unbewußten kann nicht absichtlich gefälscht werden.

Wenn wir noch bei dem Trauminhalt verweilen, so stellen die uns von den Zeugen übermittelten Traumworte den Inhalt gewissermaßen als Schlagworte oder Überschriften dar. Die wenigen Worte ›Schmeiß ihn in den Rhein – Strick um den Leib – Steinanbinden‹ bezeichnen die einzelnen Vorgänge bei der Beseitigung des Ermordeten, und der Zusatz ›Der kann uns nicht mehr anzeigen‹ legt noch den Beweggrund zur Tat offen. Gerade dieser Satz ist von entscheidender Bedeutung für den *Schuldbeweis* geworden. Denn wenn wirklich jemand soweit gehen wollte zu sagen: Es ist ja nicht ausgeschlossen, daß der Träumer den Trauminhalt nur vom Hörensagen oder Zeitungslesen in sich aufgenommen hatte, so ist doch der Beweggrund zur Ermordung des Massen nur dem oder den Tätern bekannt gewesen und erst durch das Traumreden offenbar geworden.«

Der Gutachter Dr. Berg trug durch seine überzeugenden Ausführungen entscheidend mit bei zum Schuldspruch der Geschworenen. Brettschneider wurde zum Tode verurteilt. Die Warnung seines Zellengenossen Otto Kuhnert hatte sich erfüllt: »Warum erzählst du das alles? Du bist selber schuld, wenn sie dir den Kopf abhacken.«

Daß sich Verbrecher, vornehmlich Mörder, selbst verraten, ist so selten nicht. Ungewöhnlich allerdings war der zweifache Selbstverrat Brettschneiders: einmal im Traum und dann nochmals im Wachzustand.

Zunehmend besaß Brettschneider, wie aus all seinen Äußerungen, dem Waschzwang, dem Halluzinieren vom Erscheinen des Ermordeten in seiner Zelle hervorging, ein starkes Schuldgefühl, das ihn unterbewußt dazu drängte, sich der Justiz auszuliefern. Daß er danach dennoch leugnete, ist wohl aus Angst vor der Todesstrafe verständlich.

Von einem jüngeren Fall berichtete der Rechtsmediziner Dr. Schneider.

Bei einer weiblichen Wasserleiche fanden die Obduzenten keine Hinweise auf eine Gewalttat. Der Ehemann der Toten geriet in Verdacht, aber aus Mangel an Beweisen wurde die Untersuchung eingestellt.

Ein Vierteljahr später stellte sich der Mann der Polizei. Er hatte seine Frau in Mordabsicht von der Brücke gestoßen.

Daß er sich schließlich selbst verriet, begründete er damit, »er habe endlich reinen Tisch machen wollen«.

In diesem Kapitel wird über die tödliche Macht der Seele berichtet. Sie kann den Körper töten: durch Schreck, Angst, Furcht, durch Streß, durch traurige und freudige Erlebnisse, durch Suggestion, ja selbst durch Schuldgefühle, die vom Gewissen hervorgerufen werden.

II. Kapitel
Okkult-Morde

Wenn der rote Hahn kräht

Als der Bauer Herrmann Mollenhauer an diesem Sommermorgen aus dem Haus tritt und emporblickt, kann er sich des strahlend blauen Himmels nicht erfreuen. Wie eine dumpfe Wolke lastet wieder einmal das Unglück über dem Bauernhof und erdrückt Stimmung und Gedanken. Dabei hatte er im Frühjahr noch allen Anlaß zur Zufriedenheit gehabt. Zwei seiner Zuchtsäue hatten ihn mit 19 Ferkeln erfreut – der eine Wurf brachte ihm neun, der andere sogar zehn Jungtiere. Sie wuchsen gut heran. Mollenhauer hatte schon errechnet, was ihm der Verkauf der Läufer einbringen würde. Und dann, vor einer Woche, das Unheil. Die Tiere verweigerten die Nahrung, magerten ab, und als Mollenhauer den Tierarzt kommen ließ, war es bereits zu spät. Spulwurmerkrankung hatte der Tierarzt festgestellt, und die war in diesem Stadium tödlich. Neunzehn Läufer verendet – was für ein Verlust!

Wir sind vom Unglück verfolgt, womit nur haben wir das verdient, fragte sich Mollenhauer verzweifelt. Die letzten Jahre ein Unglück nach dem andern: Schweinelähmung, der fast der ganze Bestand zum Opfer gefallen war, Hühnertyphus, der mehr als 80 Tiere dahinraffte. Das rätselhafte Sterben von fünf Rindern. Die Erkrankung der beiden letzten Zugpferde, ausgerechnet während der Ernte. Wir sind vom Unglück verfolgt. Aber wie! Und niemand zeigt mir wirklich so was wie Mitgefühl. Obendrein noch Hohn. Sucht lieber die Schuld bei euch selber, hatte der Bürgermeister gesagt. Euer Stall ist ein Dreckstall! Und wer so mit dem Futter geizt wie ihr – da müssen die Tiere ja jede Widerstandskraft gegen Krankheiten verlieren!

Ich hätte ihm eine aufs Maul geben können für diese Frechheit, denkt Mollenhauer. Zum Hohn auch noch Spott.

Wir sind vom Unglück verfolgt. Verfolgt! Als ob das Unglück eine Person wäre, die uns ständig auf den Fersen ist und uns immer wieder niederschlägt, das ist ... seine Gedanken verwirren sich in dem krampfhaften Bemühen zu erkennen, was das ist: Unglück. Das Unglück ist keine Person, aber vielleicht ist eine Person das Unglück? Vielleicht verfolgt uns eine Person, die Tiere, mich, meine Frau, die Eltern, das Kind, den Schwager? Mollenhauer ruft sich zur Vernunft. Wie sollte uns jemand verfolgen? Er müßte die Tiere vergiftet haben. Doch der Tierarzt hat gesagt, es seien Infektionen gewesen. Vielleicht hat sich der Tierarzt aber auch geirrt, und es war doch Gift im Spiel? Nur, warum hat uns das jemand angetan?

Zum Spaß? Aus Bosheit? Auch Neid könnte ein Anlaß sein. Neid, weil wir uns immer wieder nach all den Verlusten hochgerappelt haben. Die Zeiten sind unsicher seit dem großen Börsenkrach im vorigen Jahr. Weltwirtschaftskrise, Millionen Arbeitslose, Verschuldung, Zusammenbrüche. Allein in unserem Dorf zwei Bauernhöfe zwangsversteigert. Aber wir stehen immer noch da, wirtschaften ohne Schulden. Will uns ein Neider kaputtmachen? Der muß verdammt schlau sein bei seinen Anschlägen, daß er sogar den Tierarzt täuschen konnte.

Bei diesen Gedanken spürt Mollenhauer einen stechenden Schmerz im Bauch, die Galle meldet sich wieder. Seit Tagen reagiert sie mit Schmerzattacken auf seinen Ärger und Zorn wegen der toten Ferkel. Und das gerade jetzt, wo das Heu eingefahren werden muß.

Ich kann nicht warten, bis sich die Galle beruhigt. Das kann Wochen dauern. Ich muß zum Schäfer, am besten noch heute.

In diesem Augenblick hört Mollenhauer Schritte hinter sich. Martin Toegel tritt aus dem Haus, zwei Koffer in den Händen. Der Schwager bricht zu seiner Verkaufstour auf, er handelt mit Kurzwaren. Mit seinem alten »Adler« erreicht er auch entlegene Dörfer.

Ein kurzer Morgengruß, einige Worte über das Wetter. Martin hat seine Wohnung auf dem Bauernhof und einen Unterstellplatz für seinen »Adler«. Manchmal hilft er in der Landwirtschaft mit, und auch in der Dorfschenke sitzen sie zusammen bei einem Bier. Toegel erklärt sich bereit, den Schwager zum Schäfer zu fahren. Auch er kennt den Schäfer Meyer seit langem und läßt sich, wenn ihn Rheuma oder Kopfschmerzen plagen, von ihm behandeln.

»Steig ein, Herrmann.«

Nach einer Viertelstunde sind sie auf dem Rittergut, für das der Schäfer arbeitet. Sie lassen sich sagen, wo sie Meyer finden können. Auf schlammigen Feldwegen erreichen sie einen Wiesengrund, auf dem sich grasend eine Schafherde bewegt. Der Schäfer, eine hochaufragende Gestalt in langem Mantel, den Kopf von einem Schlapphut bedeckt, steht reglos auf seinen Stock gestützt. Mollenhauer und Toegel verlassen den Wagen und nähern sich dem Schäfer.

Ihre zögernden Schritte verraten ihre Ehrfurcht, die sie vor dem alten Mann mit dem Rauschebart empfinden. Es ist nicht nur die Ehrfurcht vor dem Alter, das tiefe Falten in das Gesicht des Schäfers gegraben hat. Es ist etwas anderes: Die Scheu vor dem Geheimnis, das ihn umgibt, die Scheu vor der Macht, die der Schäfer über Mensch und Tier besitzt. Denn Meyer steht mit überirdischen Gewalten in Verbindung. Man weiß nicht genau, ob direkt mit Gott oder mit Engeln oder anderen himmlischen Mächten. Er ist der Mittler zwischen den bedrängten Menschen und den hilfreichen Mächten. Und wer wegen einer Krankheit oder anderer Gebrechen seine Hilfe erbittet, dem wird geholfen.

Mollenhauer und Toegel haben es schon mehrmals am eigenen Leibe erfahren. Meine Galle könnte ein Loblied davon singen, sagt Mollenhauer immer, wenn er den

Schäfer aufgesucht und der die Schmerzen weggebetet hat. Und niemals fordert der Schäfer Geld für seine Heilung, schweigend nimmt er an, was man ihm freiwillig bietet, sei es ein Groschen oder eine Mark.

Nun haben sie den Wundermann erreicht. Nach freundlicher Begrüßung bringt Mollenhauer sein Anliegen vor. Es sei wieder die Galle. Vom Ärger, fügt er hinzu, vom Zorn über sein Unglück.

Der Schäfer forscht nach: »Welches Unglück denn, Herrmann?«

Mollenhauer berichtet vom Sterben der 19 Läufer und daß er den Tierarzt zu spät gerufen habe.

Stumm schaut der Schäfer den Bauern an, dann lächelt er verächtlich.

»So also wolltest du deinen Tieren helfen? Mit einem Viehdoktor? Warum bist du nicht zu mir gekommen, dann lebten alle 18 noch.«

»Es waren 19«, wendet Mollenhauer ein.

»Es wären nur noch 18 geblieben. Aber jetzt an Leib und Seele gesund. Eins hättest du opfern müssen, damit die anderen leben. Dieses eine hättest du lebendig auf ein Brett nageln müssen, dann hättest du ihm die Brusthöhle aufschneiden und das noch zuckende Herz mit dem Messer durchbohren müssen. Die anderen 18 wären gesund geworden, doch die Hexe wäre krank geworden am Herzen und daran verreckt.«

»Die Tiere waren verhext?« fragt Mollenhauer verblüfft.

»Weißt du eine andere Erklärung?«

Hilflos schüttelt der Bauer den Kopf.

»Jetzt ist es zu spät«, sagt der Schäfer, »und wenn du die Hexe nicht findest, wird dir bald wieder Vieh sterben.«

Das ist schon oft genug geschehen, möchte Mollenhauer sagen. Er denkt an die Schweinelähmung, die Hühnerpest, die fünf toten Rinder, die erkrankten Zugpferde. Aber er wagt nicht, das dem Schäfer zu erzählen, er fürchtet seine Vorwürfe, ihn nicht um seine Hilfe gebeten zu haben,

»Und wie finde ich die Hexe?«

»Seid wachsam! sagte unser Herr Jesus Christ. Bleibt wach, besonders in den hellen Nächten. Und wenn zwischen Mitternacht und ein Uhr eine Gestalt an deinem Fenster erscheint, sieh sie dir genau an, und du erblickst die Hexe, die dir Schaden zugefügt hat. Es ist die alte Modock.«

»Die Modock? Das ist ja meine Nachbarin! Woher weißt du das?«

»Ich weiß vieles, was du nicht weißt. Also sei wachsam, Herrmann. Und nun will ich deine Galle vom Zauberbann erlösen.«

Mollenhauer streckt dem Schäfer die rechte Hand entgegen, wie so oft schon, wenn er sich die Schmerzen wegbeten ließ. Der Schäfer bückt sich, stößt seinen Zeigefinger in das feuchte Erdreich und zeichnet mit der schlammigen Fingerkuppe langsam drei Kreuze auf Mollenhauers Handrücken. Seine Lippen bewegen sich lautlos. Mollenhauer hätte gern erfahren, welche Gebete der Schäfer dabei murmelt, aber er scheut sich, danach zu fragen. Mit seiner Neugier hätte er vielleicht das Gebet unwirksam gemacht.

Der Schäfer richtet sich auf. »Nicht lange, und du wirst von deinen Schmerzen befreit sein.«

Mollenhauer nickt dankbar. So war es immer. Immer hatte ihm der Schäfer die Schmerzen weggebetet. Er steckt ihm ein Markstück in die Manteltasche und reicht ihm zum Abschied die Hand.

Die beiden haben sich schon umgewandt, um zum Wagen zurückzugehen, da hört Mollenhauer den Ruf des Schäfers: »Herrmann!«

Er bleibt stehen und dreht sich um.

»Sei wachsam, Herrmann!« Der Schäfer legt den Zeigefinger an die Lippen: »Und schweigsam! Zu niemandem ein Wort!«

Die Rückfahrt verläuft in erregtem Gespräch. Längst zurückliegende Ereignisse bekommen nach der Offenbarung des Schäfers einen neuen Sinn. Ein Weg verbindet Mollenhauers Gut mit dem Flurstück Modocks. Um zum eigenen Hof zu gelangen, muß Mollenhauer einen Teil des Weges benutzen, der zu Modocks Anwesen gehört. Modocks haben dagegen niemals Einwände erhoben. Aber vor einem Jahr, als sich Toegel den alten »Adler« gekauft hatte, hinterließ der Wagen bei Regenwetter tiefe Spuren auf dem ungepflasterten Weg.

Modock hatte Toegel deshalb aufgefordert, den Weg

bei schlechtem Wetter nicht zu befahren. Toegel und Mollenhauer dagegen hatten auf das Gewohnheitsrecht verwiesen, aber Modock war fest geblieben und hatte sogar mit einer gerichtlichen Klärung des Streits gedroht. Toegel mußte sich fügen. Seitdem schwebte Verbitterung zwischen den beiden Familien. Es kam immer wieder zu Auseinandersetzungen mit Toegel, der »Schlechtwetter« anders auslegte als die Modocks.

»Sie wollen sich an mir rächen«, sagt Toegel düster. »Vielleicht verhext die Modock auch noch mein Auto.«

Mollenhauer stimmt ihm zu. »An der Offenbarung des Schäfers ist nicht zu rütteln, der besitzt das geheime Wissen. Er läßt uns daran teilhaben, damit wir uns zur Wehr setzen können.«

Aber wie sich wehren gegen die Mächte des Bösen?

»Martin, fahr zurück! Der Schäfer muß mir sagen, was wir gegen die Hexe unternehmen können!«

Toegel sieht das ein, er wendet.

Im Wiesengrund steht noch immer die Gestalt des Schäfers, reglos, als seien seine Gedanken in ferne Welten entrückt.

Dürfen wir ihn in diesem Zustand stören? fragt sich Mollenhauer. Aber er wird verstehen, daß wir uns gegen die Hexe wehren müssen. Der Schäfer versteht das, er gibt willig guten Rat.

»Hexen zaubern nach geheimen Anweisungen, die findest du nur in Hexenbüchern. Die mußt du der Hexe entwenden. Dann verliert sie die Macht über euch.«

Die nächsten Wochen vergehen in fiebriger Hast. Mollenhauer und Toegel bindet das gemeinsame Wissen, das sie mit niemandem teilen dürfen, noch enger aneinander.

Sie beobachten das Nachbarhaus, suchen nach Anzeichen, die den Verdacht des Schäfers bestätigen. Überlegen, wie sie der Modock die Hexenbücher entwenden könnten. Hocken in Winkeln und Ecken zusammen, grübeln und fluchen.

Toegel verliert für seinen Kurzwarenhandel jedes Interesse. Mollenhauer beginnt seine Feldarbeit zu vernachlässigen, zur ärgerlichen Verwunderung seiner Frau. Seine Gallenschmerzen sind verschwunden. Trotzdem, so stellt seine Frau fest, wälzt er sich bis lange nach Mitternacht ruhelos in seinem Bett herum.

»Warum schläfst du nicht?« fragt sie.

»Ich darf nicht«, erwidert er und verbessert sich: »Ich kann nicht schlafen.«

»Wir haben wieder Vollmond«, sagt die Frau.

»Ja, das wird es sein.«

Manchmal verfällt er vor Müdigkeit in einen Dämmerzustand zwischen Schlaf und Wachen.

Und in einer solchen Nacht geschieht es: Draußen am Fenster erscheint ein Gesicht und starrt ihn an. Die Modock!

Er richtet sich auf, aber da ist das Gesicht schon wieder verschwunden. Jetzt ist alle Müdigkeit verflogen. Er liegt stundenlang wach, erregt, daß sich die Prophezeiung des Schäfers erfüllt hat.

Am nächsten Morgen erzählt er seinem Schwager von seinem Erlebnis. Er schließt seinen Bericht: »Nun steht es fest, die Modock hat sich als Hexe entlarvt. Jetzt muß etwas geschehen.«

Eine Stunde später geschieht tatsächlich etwas. Toegel, erfreut darüber, daß die Täterschaft der Modock bewiesen ist und sie endlich bestraft werden kann, steigt beschwingt in seinen »Adler«. Er will vom Güterbahnhof Waren abholen. Als er sich dem Grundstück der Modocks nähert, sieht er die alte »Hexe« am Zaun stehen, eine Sense wie ein Gewehr geschultert: Als ob ihn der leibhaftige Tod anstarrt, denkt er betroffen. Es scheint ihm, als saugten sich ihre Augen an ihm fest. Er kann sich von diesem makabren Anblick nicht lösen.

Metallisches Krachen schreckt ihn auf. Etwas reißt ihn nach vorn, drückt seine Brust gegen das Lenkrad. Dann Stille. Der Wagen sitzt fest. Benommen steigt Toegel aus. Der Wagen ist gegen einen Baum am Wegrand gefahren.

Die Hexe! Der böse Blick! Zitternd vor Wut tritt Toegel vor den Tod mit der Sense. »Du Hexe!« schreit er. »Das war dein Werk! Hexe!« wiederholt er, »Hexe! Hexe!«

Die »Hexe« wendet sich schweigend um, lehnt die Sense an die Hauswand und verschwindet hinter der Tür.

Toegel läuft zurück und berichtet Mollenhauer von dem Vorfall. Mit zwei Pferden schleppen Toegel und Mollenhauer den nur leicht beschädigten Wagen auf den Hof ab.

Auf seinem Fahrrad radelt der Gendarm vorbei. Er steigt ab, sieht den beiden eine Weile zu, fragt, wie der Unfall passiert ist. Toegel, noch immer zornig und erregt, antwortet, daran sei die alte Modock schuld. Sie habe den Wagen verhext mit ihrem bösen Blick. Und dann murmelt er: »Da müßte mal der rote Hahn krähen ...«

Verständnislos schüttelt der Gendarm den Kopf und schwingt sich wieder aufs Fahrrad.

»Hast du vergessen, daß uns der Schäfer Schweigen befohlen hat?« weist Mollenhauer seinen Schwager zurecht.

»Ich habe ihr entgegengeschrien: ›Du Hexe!‹ Sie hat die Anschuldigung nicht zurückgewiesen, Herrmann, sich überhaupt nicht dagegen verteidigt! Sie *ist* eine Hexe! Wir müssen sie unschädlich machen!«

Das müssen wir, das ist auch Mollenhauers Meinung.

»Und zwar bald, Martin. Heute noch. Sonst werden wir unseres Lebens nicht mehr froh.«

Verlassen bleibt das Unglücksauto vor dem Scheunentor stehen. Die Reparatur hat Zeit, jetzt gibt es Wichtigeres zu tun. Sie ziehen sich auf den Heuboden zur Beratung zurück.

Eine Stunde später haben sie den Feldzugsplan gegen die »Hexe« festgelegt. Nach dem Rat des Schäfers müssen die Hexenbücher vernichtet werden ...

Es ist Mitternacht, als Toegel und Mollenhauer unbemerkt das Haus verlassen. Im fahlen Mondschein schleichen sie bis zum Haus der Modocks, besorgt, daß keiner sie erblickt. Doch zu dieser Stunde ist es still im Dorf. Sie begegnen niemandem.

Am »Hexenhaus« angekommen, übernimmt es Mollenhauer, das Unternehmen abzusichern. Er stellt sich in den Schatten eines Torflügels. Von dort kann er den Weg beobachten. Toegel begibt sich an die Rückwand des Hauses. Er schichtet einige Steine aufeinander, um an das Strohdach zu gelangen.

Er setzt es mit einem Streichholz in Brand. Er wartet, bis die Flammen emporzüngeln. Dann kehren beide zurück.

Nach einer halben Stunde ist der Brand durch das feuchte Strohdach bis in das darunterliegende Gebälk vorgedrungen. Hier breitet es sich rasch weiter aus. Noch liegen die Hausbewohner im Schlaf, als sich das Feuer durch die Zimmerdecke zu fressen beginnt.

Das Knistern der Flammen und der immer dichter werdende Rauch wecken den alten Modock. Er reißt seine Frau aus dem Bett und alarmiert Sohn, Schwiegertochter und Enkel im Nachbarzimmer.

Die fünf retten sich ins Freie.

Der junge Modock ruft Nachbarn zu Hilfe, auch Herrmann Mollenhauer und Martin Toegel.

Inzwischen hat das Feuer das ganze Obergeschoß des Hauses erfaßt. Die beiden Modocks, mehrere Nachbarn, unter ihnen auch die beiden Brandstifter, müssen bald erkennen, daß alle Versuche, den Brand zu löschen, vergeblich sind.

Das Feuer hat sich bereits auf die Scheune neben dem Wohnhaus ausgebreitet. Die Männer versuchen jetzt, wenigstens einige Möbelstücke aus den Räumen im Erdgeschoß zu retten. Man warnt sie: Auch hier lodern in einem Zimmer bereits die Flammen.

Der alte Modock und sein Sohn wagen sich trotzdem hinein. Kurze Zeit später erscheinen sie mit einem Schrank in der Haustür. In diesem Augenblick stürzt der Schornstein auf die beiden Männer. Vater und Sohn brechen zusammen, bleiben reglos liegen. Der junge Modock ist sofort tot, sein Vater bewußtlos. Einige Stunden später stirbt auch er.

Die drei Überlebenden – die alte Modock, Schwiegertochter und Enkel – haben alles verloren. Wohnhaus und Scheune sind vollständig ausgebrannt, fast das gesamte Mobiliar ist zerstört.

Der verheerende Brand wird untersucht. Da er dort ausgebrochen ist, wo die Stromleitung in das Haus einmündete, wird als Brandursache ein schleichender Kurzschluß angenommen.

Mollenhauer und Toegel haben entsetzt die tödlichen Folgen ihres Hexenfeldzuges zur Kenntnis genommen. Sie wollten ein Buch vernichten und haben zwei Menschen den Tod gebracht.

Die Angst, als Täter entdeckt zu werden, macht sie ruhelos. Erst als sie erfahren, wie die Untersuchung des Brandes ausgegangen ist, beruhigen sie sich allmählich.

Die Obduktion der Toten ergibt als Todesursache bei beiden ein schweres Schädel-Hirn-Trauma.

An der Beerdigung nehmen alle Dorfbewohner teil, nur Herrmann Mollenhauer und Martin Toegel fehlen. Das erregt Aufsehen. Der Gendarm erinnert sich an Toegels Zorn auf die Modock und seine geheimnisvolle Bemerkung, dort müßte einmal der rote Hahn krähen ...

Bei der folgenden Vernehmung leugneten die Brandstifter anfangs, gestanden dann aber, in die Enge getrieben, die Tat. Immer wieder gaben sie an, daß sie die »Hexe« nicht töten, sondern nur ihre Hexenbücher verbrennen wollten.

Beide wurden zu mehreren Jahren Zuchthaus verurteilt.

Der Schäfer blieb unbehelligt. Offenbar beschützten ihn die himmlischen Mächte vor den irdischen Richtern.

Stufen eines Wahns

Noch war von Mord keine Rede, nicht einmal der Gedanke war vorhanden, den alten Mann zu töten. Der Entschluß keimte erst langsam auf. Die Tat geschah erst, als alle anderen Versuche gescheitert waren, sich von der Macht des Greises zu befreien.

Vielleicht war es dieser Weihnachtstag, an dem die Tragödie ihren Anfang nahm.

Alles begann harmlos, fast idyllisch, und nichts deutete auf ein katastrophales Ende hin.

Ein niedersächsisches Dorf am 24. Dezember 1950. Am frühen Nachmittag beendete die Bauernfamilie Anders ihre alltägliche Arbeit. Das Viehfutter für den Abend war bereitgestellt, und weil Weihnachten war, sollten die Rinder, die Mastochsen, die Gänse und Hühner eine Sonderration erhalten. Da der Abend der Christmette vorbehalten war, wollte man so wenig Zeit wie möglich für die Viehfütterung verwenden. Der Besuch der Christmette war für Alfred Anders, seine Frau Hilde und ihre Kinder, den 18jährigen Helmut und die 14jährige Monika, eiserne Pflicht. Noch gehörte der Bauernhof Hildes Vater, dem 71jährigen Altbauern Alfred Markwart. Der rüstige Alte arbeitete noch immer auf dem Hof mit. Ihm, dem Besitzer des Gutes, hatten sich alle anderen unterzuordnen. Auch der Pflicht, an der Christmette teilzunehmen, hatte sich niemand in der Familie zu entziehen. Der Großvater war im Kirchenvorstand und forderte das von seiner Familie. Als die Glocken am späten Nachmittag die Christmette einläuteten, hatte sich die Familie, festtäglich gekleidet, im Zimmer des Großvaters eingefunden. Nur Helmut, der 18jährige Enkel, fehlte noch.

»Wo ist er?« fragte der Großvater ungeduldig.

»Helmut kann nicht mitkommen«, sagte die Mutter.

»Kann er nicht oder will er nicht?« Die Stimme des Großvaters verriet wachsenden Zorn.

»Was ist mit ihm?«

»Er ist krank, Vater.«

»Schon wieder?« Mit gefährlicher Ruhe wandte er sich an Hilde. »Und welche Krankheit hat er heute?«

»Magenschmerzen. Heftige Magenschmerzen.«

»Magenschmerzen! Heftige!« höhnte der Großvater. Er stürmte hinaus.

Bedrückt blieben Helmuts Eltern im Zimmer zurück.

Der Großvater fand Helmut in der guten Stube. Er saß auf der Ofenbank, den Rücken an die wärmenden Kacheln gelehnt. Der Großvater forderte Helmut auf, sich für den Kirchgang anzukleiden. Helmut erwiderte, er habe solche Magenschmerzen, daß er weder stehen noch gehen könne.

»Magenschmerzen, das ist das Allerneuste. Erst waren es monatelang die Nerven. Jetzt ist es zur Abwechslung der Magen.«

»Es sind nicht die Nerven und der Magen, Opa. Bis jetzt hat mir der Nervenarzt auch nicht geholfen. Ich bin einfach irgendwie – ich weiß auch nicht, irgendwie völlig kaputt.«

»Helmut, ich will dir mal sagen, warum du kaputt bist! Ich kann es dir ganz genau erklären: Deine Krankheit kommt aus dem Kopf! Warum bist du nicht hier zu Hause geblieben? Du solltest mal den Hof übernehmen. Das war mein Wunsch. Aber nein, dich hielt es ja nicht auf dem Hof. Bauernarbeit ist dir zu langweilig, zu stumpfsinnig. Du mußtest nach Wolfsburg zu VW, das ist interessanter, wie? In der Fabrik ist es interessanter! Deshalb hast du es mit den Nerven, Helmut! Weil du deine Familie verlassen hast, die saubere Landluft! Und die Magenschmerzen hast du ja wohl auch nicht ohne Grund. Wer weiß, welchen Fraß man dir in der Werkskantine vorsetzt. Mach Schluß in Wolfsburg! Komm zurück, dann wirst du wieder gesund werden. Nimm dir ein Beispiel an mir, ich bin 71 und noch auf den Beinen!«

Helmut ist ein friedfertiger Junge. Er weiß, es wäre zwecklos, dem Großvater, wenn er wütend ist, zu widersprechen und ihm wie schon so oft zu erklären, warum er sich bei VW Arbeit gesucht hat.

»Bitte, Opa, sei mir nicht böse. Es geht mir wirklich nicht gut.«

Der Großvater blickte Helmut ebenso zornig wie verächtlich an. Dann ging er wortlos hinaus.

Der Heiligabend war nicht so wie sonst. Zwar wurden die Kerzen am Tannenbaum entzündet wie immer, zwar überreichte man einander wie immer die kargen, aber nützlichen Geschenke. Zwar nahm man gemeinsam das Abendessen ein, hörte dabei im Radio Weihnachtslieder – aber es war doch nicht so wie sonst. Helmut saß nicht mit am Tisch, er war bereits in die Schlafkammer gegangen, die er mit Großvater teilte. Der Großvater zeigte sich verstimmt, weil Helmut nicht mit in die Kirche gegangen war und sich jetzt ins Bett geflüchtet hatte. Der Großvater schwieg beleidigt, und sein Schweigen ließ auch die anderen verstummen. Es war keine fröhliche und selige

Weihnachtszeit, wie das Radio verkündete. Der Großvater hatte sich deshalb bald erhoben und sich ebenfalls schlafen gelegt.

Nachdem auch Monika ins Bett gegangen war, blieben die Eltern allein zurück. Der Vater bereitete einen Grog, die Mutter räumte das Geschirr ab. Die Kerzen am Weihnachtsbaum waren erloschen. Hilde und Peter setzten sich nebeneinander auf die Ofenbank. Der Kachelofen strömte noch immer Wärme aus.

»Der Vater«, sagte Hilde, »hat Helmut wieder wüst beschimpft. Helmut hat es mir erzählt, die Arbeit bei VW soll schuld an Helmuts Krankheit sein. Glaubst du das?«

Peter zuckte mit den Schultern.

»Ich glaube das nicht, Peter. Ich weiß, woher Helmuts Krankheiten kommen. Ich mach mir schon lange so meine Gedanken. Ich bin mir völlig sicher. Schuld an Helmuts Nervensache und seinem Magenleiden ist nicht VW und daß er uns verlassen hat und unglücklich ist in Wolfsburg. Schuld ist allein der Großvater.«

Peter blickte verzweifelt seine Frau an. »Wieso der Großvater?«

Und in dieser Stunde begann die Tragödie, die mit der Absage einer Christmette – besonders im Streit ihren Anfang genommen hatte, allmählich in Gang zu kommen. Hilde Anders offenbarte ihrem Mann, was sie ihm bisher immer verschwiegen hatte. Sie nannte es den »schrecklichen Zauber meiner Familie«.

Ihre Großmutter hatte das geheime Wissen der schwarzen und weißen Magie besessen. Sie konnte Menschen Krankheiten anzaubern, sie von Krankheiten heilen oder den Stall von bösen Geistern reinigen. Auf dem Sterbebett hatte sie diese Kraft an ihren Sohn weitergegeben und ihn befähigt, sie ebenfalls auszuüben. Der Großvater sei ein »Hexenmeister«.

Peter äußerte seine Zweifel. »Unmöglich, er ist ein guter Christ, er ist sogar im Kirchenvorstand.«

Das sei doch nur Tarnung, entgegnete Hilde. Sie selbst hätte den Vater einmal gefragt, ob ihn seine Mutter die geheime Kunst gelehrt habe.

Er habe zugegeben, daß ihm die Mutter ihr Wissen mitgeteilt habe. Zwar habe er gleich hinzugefügt, er beherrsche sie nicht, habe sie nie genutzt. Aber das sei ja auch nur eine Notlüge. Denn wer schwarze Magie ausübe und damit Schaden anrichte, würde sich ja nicht als Jünger der schwarzen Kunst verraten.

»Der Vater hat unserem Jungen die Krankheit angehext!« beendete Hilde triumphierend ihre Offenbarung.

Peter wiegte zweifelnd den Kopf. »Warum soll er das getan haben?«

»Du kennst doch seinen Haß auf Helmut, weil er nicht Bauer werden will und wegging in die Fabrik! Er will ihn bestrafen für diesen Frevel.«

»Ich weiß nicht«, erwiderte Peter, »ich weiß nicht, ob es das gibt – einem Menschen Krankheiten anhexen.«

»Und daß die Milchleistung der Kühe immer geringer wurde?«

»Aber welchen Sinn soll das ergeben? Der Vater schädigt sich damit doch nur selber?«

»Er wird schon was damit bezweckt haben, wir wissen es nur nicht.«

In den nächsten Wochen blieb Helmut zu Hause. Der Arzt hatte ihn krank geschrieben. Seine Mutter nutzte die Gelegenheit, eindringlich auf Helmut einzuwirken und auch ihm ihren Verdacht mitzuteilen, daß er die Krankheit in Wahrheit dem Großvater verdanke.

Es fiel ihr nicht schwer, Helmut zu überzeugen. Seine »Nervensache«, nämlich heftige und andauernde Kopfschmerzen, hatte sich trotz ärztlicher Behandlung nicht gebessert, und auch die Medikamente gegen die Magenschmerzen hatten nicht geholfen. Nur als Helmut für ein paar Tage seine ältere Halbschwester besuchte, war er frei von Beschwerden. Kaum kehrte er zurück, stellten sich die Kopf- und Magenschmerzen wieder ein. Helmut und seine Mutter sahen dies als Beweis für Großvaters schwarze Kunst. Auch die Zweifel des Vaters schwanden nun. Er dachte über einen wirksamen Schutz seines Sohnes nach. Solange Helmut noch mit dem Großvater in derselben Kammer schlief, war Helmut den bösen Einflüssen des Alten direkt ausgesetzt. Der Vater verfügte, daß Helmuts Bett in einem anderen Raum aufgestellt wurde. Dem Großvater war das nur recht, der kränkelnde Enkelsohn war nichts wert, er hielt ihn für einen Weichling.

Ferner beschloß der Vater, die hexerische Macht durch ein Amulett zu brechen. Er kaufte bei einer

»Weisen Frau« einen kleinen Leinenbeutel. Den mußte Helmut nun ständig bei sich tragen. Sein sich körnig anfühlender Inhalt sollte die bösen Mächte abschrecken. Wochen später suchte der Vater die Weise Frau erneut auf und beklagte sich, ihr Amulett hätte nicht geholfen, Helmuts Krankheit dauere an.

»Helmut ist zu willensschwach«, erklärte die Weise Frau. Der Vater verstand zwar nicht, warum er ein Amulett hatte kaufen sollen, wenn Helmut den Hexer auch mit bloßem starkem Willen hätte besiegen können, aber er wagte seine Zweifel nicht zu äußern, sondern unterwarf sich dem nächsten Rat der Weisen Frau: Er mußte dem Schwiegervater ein Paar Schuhe entwenden. Die Weise Frau stellte die Schuhe vor sich hin und besprach sie mit einem Ammen-Gebet. Mit der Bemerkung, der Träger der Schuhe werde nun zu hinken beginnen, entließ sie den Vater. Helmut und seine Eltern überwachten in den nächsten Tagen den Großvater auf Schritt und Tritt. Schon bald waren sie sich darüber einig, daß der Großvater hinkte. Ihre Hochachtung vor der Kunst der Weisen Frau stieg. Ebenso die Gewißheit von der schwarzen Magie des Großvaters. Noch intensiver als bisher beobachtete die Familie den alten Mann. Jede Geste, jedes Wort, jeder Blick konnte Böses bedeuten. Sie entdeckten genügend solcher Beweise.

Einmal, nach dem geruhsamen Abendessen in der Küche, setzte sich der Großvater auf einen Stuhl, vornübergebeugt, das Gesicht mit beiden Händen bedeckt.

Durch die gespreizten Finger blickte er Helmut und seine Eltern an. Dann erhob er sich plötzlich, als sei er aus dem Schlaf erwacht. Ein anderes Mal hielt der Großvater am Tisch die Mütze vors Gesicht. Er murmelte Unverständliches, sicher wieder eine Verfluchung seines Enkelsohnes. »Helmut«, flüsterte die Mutter, »verlaß das Zimmer, bevor dir der Großvater eins wischt.«

So verging der Winter, es wurde Frühjahr. Doch auch im Sommer hatte sich Helmuts Zustand nicht gebessert.

Die Betriebsärztin von VW befürwortete im Herbst 1951 für Helmut eine Kur im Harz. Nach wenigen Tagen kehrte er zurück. Die Kopfschmerzen waren schlimmer geworden als je zuvor. Noch immer scheute die Familie vor einer gewaltsamen Befreiung vom »Hexenmeister« zurück. Sie suchte weiter nach einer friedlichen Methode im Widerstand gegen den Alten.

Vielleicht aber, und das ist nicht ganz auszuschließen, ließ Helmuts Mutter ein Rest von Ungewißheit noch vor offener Gewalt gegen ihren Vater zurückschrecken. Sie suchte nach einem letzten Beweis für ihren Verdacht. Sie erkundigte sich bei allen alten Leuten, wie man unumstößlich erkennen könne, ob ein Mensch verhext sei. Und die Befragten wußten Rat, denn die Existenz von Hexen und der Kampf gegen sie gehört seit langen Zeiten und bis auf den heutigen Tag zum dörflichen Lebensalltag.

»Nimm einen Glaskrug und laß den Verhexten darin sein Wasser abschlagen. Schäumt der Urin und sondert sich ein trüber Belag ab, ist er mit Sicherheit verhext.«

Die Mutter tat, wie ihr geheißen. Helmut urinierte in einen Glaskrug, und in den nächsten Stunden bildete sich auf dem Boden des Krugs ein weißlich-trüber Niederschlag. Der letzte Beweis war erbracht.

Was tun? Die Mutter wußte es nicht, der Vater war ebenso ratlos. Die einzige Rettung für Helmut sahen sie darin, ihn vom »Hexenmeister« fernzuhalten. Sie schickten Helmut erneut zu seiner Halbschwester. Auch dort ging es ihm nicht besser. Helmut erzählte ihr, der hexerische Einfluß des Großvaters müsse bis hierher reichen. Die Schwester machte sich über Helmuts Hexenangst lustig, sie glaubte nicht daran. Ihr Unglaube ärgerte Helmut maßlos. »Siehst du denn nicht, was der Großvater mit mir gemacht hat? Mir wird es erst besser gehen, wenn ich ihn umgebracht habe.«

»Mach dich nicht unglücklich, Helmut«, erwiderte die Schwester entsetzt.

»Ich bin unglücklich, solange er lebt!«

Helmut verschloß sich allen Einwänden seiner Schwester, sie hielt eine weitere Diskussion für zwecklos. Auch Helmut erwähnte in den nächsten Tagen das Thema nicht mehr. Er verfiel sichtbar in Apathie und zog sich in sich selbst zurück.

Am Abend des 5. Oktober 1951 stieg er auf sein Fahrrad und fuhr auf den ländlichen Hof zurück.

Er vermied es, sich bei den Eltern sehen zu lassen. In der Scheune nahm er ein Beil vom Hackklotz, mit dem gewöhnlich den Hühnern der Kopf abgeschlagen wurde.

Dann schlich er in die Schlafkammer des Großvaters. Er richtete den Schein der Taschenlampe auf den alten Mann. Der Großvater schlief bereits.
Helmut erschlug ihn mit mehreren Beilhieben.
Blutbespritzt ging er in den Kohlenkeller. Er schlang ein Seil um den Deckenbalken. Mit einem Stück Kohle schrieb er an die weiße Wand:
»Ich wollte mich rächen für das, was er mir angetan hat. Opa hat selbst zugegeben, daß er das kann.
Liebe Eltern, sorgt für Helga und seid mir nicht bös, ich konnte nicht anders
euer Helmut«

Diese beiden Tötungsverbrechen zeigen, wie der Aberglaube auch noch in unserer Zeit mitten in Deutschland Menschen zu Mördern werden läßt. Aberglaube schaltet das logische Denken aus. Der Abergläubische unterwirft sich irrationalen Einflüssen, die für den aufgeklärten Menschen unbegreiflich sind. Der Glaube der Täter an Hexen, die Angst vor ihrer Macht waren das Motiv für die Tötung. Man sollte jedoch den hier dargestellten, bis zum Verbrechen ausartenden Hexenwahn nicht mit dem Mummenschanz und den jahrhundertealten ausgelassenen Volksfesten verwechseln, wie sie sich üblicherweise in der Walpurgisnacht kundtun. Für die dabei als Hexen und Teufel maskierten Leute ist das ein lustiges Maskenfest, und von ihnen wird kaum jemand ernsthaft an die Existenz dieser mystischen Figuren glauben.

Dabei wäre bei den hier berichteten Fällen die Existenz von Hexen leicht zu widerlegen gewesen. Im ersten Fall bot die Bemerkung des Bürgermeisters eine Erklärung für die häufigen Erkrankungen im Viehstall des Bauern Mollenhauer. Ungenügende Hygiene in der Tierhaltung begünstigt Infektionen, mangelnde Ernährung schwächt die Widerstandskraft. Natürliche Ursachen also, die die Betroffenen nicht begreifen oder auch nicht wahrhaben wollen, weil sie auf eigene Schuld oder Unschuld hinweisen. Es beruhigt, andere für das eigene Versagen schuldig zu sprechen: Hexen!

Auch der nächste Fall zeigt, daß abergläubische Furcht jede Überlegung ausschaltet.

Die Geschichte des jungen Mörders Helmut und seiner Eltern macht die einzelnen Stufen deutlich, in denen sich der Wahn herausbildete. Auch hier ließe sich das Werk übernatürlicher Kräfte auf natürliche Ursachen zurückführen.

Helmut war nach dem Weggang von zu Hause aus der ländlichen Umgebung in die Stadt und in einen hochmodernen Betrieb verschlagen worden.

Der als sensibel bezeichnete junge Mann war dadurch natürlich überfordert, und seine Kopfschmerzen und die Magenbeschwerden waren psychosomatisch. Herkömmliche Medikamente versagten deshalb; es hätte sicherlich einer anderen Behandlung bedurft, die die psychischen Komponenten seiner Erkrankung berücksichtigte. Die vom Betriebsarzt verordnete Kur, die ihn wiederum von zu Hause entfernte, konnte daher auch nicht helfen.

Daß der Großvater nach dem »Besprechen« seiner Schuhe hinkte, läßt sich leicht als Selbstsuggestion erklären. So wie im Fall Mollenhauer dieser das ihm vom Schäfer angekündigte Gesicht der Hexe im Dämmerzustand zwischen Wachen und Schlaf tatsächlich gesehen haben wollte, war das ebenso eine durch Erwartungsangst bewirkte Zwangstäuschung wie das angebliche Hinken des Großvaters. Intensive Beobachtung führte schließlich zu dem erwarteten Ergebnis.

Das trifft auch auf den bösen Blick zu, der die Beobachter erschauern ließ. Gespreizte Hände gelten als Abwehr gegen böse Geister. Was, wenn der Großvater die intensive, stark bedrohliche Beobachtung durch seine Familie bemerkt und – davon erschreckt – sich mit gespreizten Fingern zu wehren versucht hätte? Die Urinprobe als letzte Bestätigung – sie bewies keine Verhexung, sondern nichts weiter, als daß der Niederschlag im Urin auf eine Erkrankung hindeutete.

Bei Herbert Schäfer, der eine umfängliche wissenschaftliche Untersuchung über okkulte Täter veröffentlicht hat und dem wir auch den Bericht über die beiden Tötungsverbrechen verdanken, findet sich eine Untersuchung darüber, welche Menschen dem Hexenwahn verfallen und welche psychischen Eigenschaften diesen Wahn begünstigen: u. a. Dummheit, Borniertheit, Mangel an

Logik, Leichtgläubigkeit, Arglosigkeit, Hoffnung und Erwartung. Der Philosoph Adorno nannte den Okkultismus die *Metaphysik der dummen Kerle,* der Schweizer Herrn *prälogische Geistesverfassung und ein unwissenschaftliches Weltbild.*

Aber mit dieser psychischen Voraussetzung allein läßt sich der Hexenglaube nicht erklären. Auch die historischen und sozialen Bedingungen müssen gesehen werden.

Nun ließe sich einwenden, die hier berichteten Tötungsverbrechen lägen Jahrzehnte zurück und seien Einzelfälle. Sie waren keine Einzelfälle. Nach wissenschaftlichen Untersuchungen gibt es in Deutschland Hunderte von Ortschaften, meist Dörfer, in denen der Glaube an Hexen auch heute noch üppig weiterwuchert.

Eine INFAS-Umfrage Ende der siebziger Jahre ergab, daß 8 % der damaligen Bundesbürger an die Existenz von Hexen und Teufeln glaubten. Eine Umfrage von ISO erbrachte im Saarland 21,7 % Teufelsgläubige. Überdurchschnittlichen Anteil am Teufelsglauben hatten die Grünen und katholischen Gläubigen. Heute dürfte es noch weit mehr Menschen geben, für die Hexen und Teufel reale Wesen sind. Dieser mittelalterliche Wahn findet gerade in den Massenmedien immer wieder seine Bestätigung. Kino, Fernsehfilme, Videos, Groschenhefte und Horrorromane nähren den Glauben an übersinnliche böse Mächte, an Hexen, Zauberer und Dämonen,

Wundergänger und Vampire. Selbst die seriöse Leipziger Volkszeitung berichtete 1994 ohne kritische Sicht über einen Leipziger Hexenverein, dem ein »Hexenmeister« und eine »Hexe« als Priester und Priesterin vorstehen. In dem Artikel hieß es: »Wir müssen nichts beweisen«, sagt der Leipziger Hexer, der mit geradem Blick behauptet, Liebeszauber ebenso zu beherrschen wie anderen eine Krankheit anhexen zu können oder mittels Voodoo gar über eine Entfernung hinweg zu töten ...

Möglicherweise belächelt der aufgeklärte Mensch diese Erscheinungen, die der Psychologe als »Ausdruck einer krankhaften Erlebnisform, und zwar eines Wahns« bezeichnet (Richtlang, Dr. Täschner, Prof. Wanke). »Als einen durch logische Gegenbeweise nicht zu erschütternden, schlechthin unkorrigierbaren Irrtum.«

Wenn es nur ein Irrtum, ein Aberglaube wäre. Aber beim Abergläubischen, so Schäfer, bedarf es oft nur eines geringfügigen Anlasses, um seine labile Sicherheit zu erschüttern: »Schwere Gewaltverbrechen können die Folge dauernder Angst sein. Hier liegt ja die eigentliche soziale Gefahr des Hexenaberglaubens, daß er Unruhe, Verzweiflung, Angst ... erzeugt.«

Daß Hexen nicht nur Opfer verängstigter Hexengläubiger werden können, sondern selber mitschuldig werden an Verbrechen, zeigt ein Fall aus dem Jahr 1982, über den der Augsburger Kriminalist Häusler berichtete.

Susanne, die 38jährige Frau eines Bauunternehmers,

las in einer Boulevardzeitung von einer adligen Frau, die behauptete, bereits 20 Männer »totgehext« zu haben. Da die Ehe der Unternehmerfrau seit Jahren brüchig, eine Scheidung aus finanziellen Gründen aber nicht erwünscht war, suchte die Frau Trost bei einem Geliebten. Immer mehr setzte sich bei ihr der Gedanke fest, der Tod ihres Mannes würde alle ihre Probleme lösen. Sie erbte das Vermögen und könnte sich obendrein mit dem Geliebten fest verbinden.

Die beiden suchten die »Hexe« auf.

Diese verlangte ein Foto des Mannes. Für 150 DM Honorar »verhexte« sie es mit magischen Beschwörungen und erklärte, der Mann werde in Kürze durch einen Verkehrsunfall sterben. »Er ist schon fast tot. An einem Feiertag im November wird er bei Glatteis und Schnee mit seinem Auto verunglücken.« Die »Hexe« riet Susanne, noch eine Lebensversicherung für ihren Mann zu ihren Gunsten abzuschließen. Das tat die Witwe in spe auch. Um ihren Mann nicht mißtrauisch zu machen, fälschte sie die Unterschrift.

Der November kam mit Schnee und Glatteis. Der Bauunternehmer überlebte ihn ohne Unfall. Enttäuscht forderte Susanne einen neuen Todestermin von der »Hexe«. Diese antwortete ihr, die Todeskurve sei inzwischen überschritten.

Susanne und ihr Geliebter beschlossen, die Prophezeiung der »Hexe« selbst zu einem glücklichen Ende zu bringen. Das sollte noch vor Weihnachten geschehen.

Am Abend des 17. Dezember, als die Heimkehr des Unternehmers bevorstand, setzten die beiden die Beleuchtung der Garage außer Betrieb und versteckten sich. Ihr Opfer hielt mit dem Wagen unmittelbar vor der Garage an und stieg aus, um nach dem Rechten zu sehen. Da stürzte sich Susannes Geliebter kaltblütig auf den Bauunternehmer und preßte ihm einen äthergetränkten Lappen aufs Gesicht.

Das Opfer wehrte sich verzweifelt. Es hörte eine Stimme: »Muß das sein?« »Es muß sein, Susanne«, antwortete der Angreifer. In diesem Augenblick ahnte der Bauunternehmer, daß seine Frau mit im Spiel war.

Er stellte sich ohnmächtig. Regungslos ließ er sich fesseln, die Augen verbinden und in seinen Wagen zerren. Er wurde auf den Beifahrersitz gelegt, nachdem die Rückenlehne heruntergesenkt worden war.

Der Angreifer setzte sich hinter das Steuer, die Frau nahm auf dem Rücksitz Platz und drückte ihrem Mann von Zeit zu Zeit einen äthergetränkten Lappen auf das Gesicht. Aber die Dosis war zu schwach, er blieb bei Bewußtsein.

Die Fahrt durch das nächtliche Schneegestöber erschien dem Mann endlos. Einmal hielt der Wagen. Susanne verließ das Auto, und ihr Mann hörte, daß sie in ein anderes Auto umstieg und seinem Wagen folgte. Endlich waren sie am Ziel: ein Kies-See. Sie hielten auf der abfallenden Böschung direkt vor dem Wasser an. Der Bauunternehmer stellte sich noch immer bewußtlos. Die beiden zerrten ihn auf den Fahrersitz, nahmen ihm Augenbinde und Fesseln ab, starteten den Motor. Sie lösten die Handbremse und drückten seinen Fuß gegen das Gaspedal. Dann warfen sie die Wagentür zu. Das Auto fuhr an. Der Bauunternehmer trat auf die Fußbremse. Der Wagen stand still. Er verriegelte die Autotüren. Verzweifelt versuchten Susanne und ihr Geliebter, den Wagen ins Wasser zu schieben. Es mißlang. Sie flohen kopflos.

Susanne und ihr Geliebter wurden vor dem Schwurgericht wegen Mordversuchs angeklagt. Susanne verteidigte sich: »An allem ist die ›Hexe‹ schuld!«

Die »Hexe« selbst, als Zeugin geladen, gab sich als »Seherin« aus und behauptete, der Unfalltod des Mannes hätte mit 90%iger Sicherheit erfolgen müssen.

Die beiden Angeklagten erhielten je neun Jahre Freiheitsentzug wegen versuchten Mordes. Gegen die »Hexe« wurde nicht ermittelt.

Der Glaube an Hexen und überirdische Mächte hat aber nicht nur solche schrecklichen Untaten wie die hier berichteten zur Folge, manchmal auch makabre und groteske wie im folgenden Fall.

In einer kleinen Ortschaft bei Gelsenkirchen wohnte der Arbeiter Niemeyer mit seiner Familie. Niemeyer war seit 15 Jahren verschuldet und ohne jegliches Einkommen. Sozialhilfe für seine Familie beanspruchte er nicht, aus Scham und aus Stolz, denn er war nach seiner Meinung von Gott auserwählt, ein Wohltäter der Menschheit zu sein. Regelmäßig versammelte er seine Gläubigen in seiner Wohnung, um sie in die Geheimnisse des Okkultismus einzuweihen, die er selber zwar noch nicht vollkommen beherrschte, sich aber in unablässigem Selbststudium okkulter Schriften anzueignen versuchte. Seine Anhänger vertrauten ihm blindlings und verehrten ihn, obwohl er sich selbst noch als okkultistischen Lehrling bezeichnete, als ihren Führer in das Reich der Mysterien von Leben und Tod. Willig unterstützten sie Niemeyer und seine Familie mit Geld, Lebensmitteln und Sachgeschenken und ermöglichten es ihm, sich ohne materielle Sorgen seinen intensiven okkultistischen Studien zu widmen. Sein erstes Ziel, so verkündete er, habe er schon erreicht: Hellseher zu sein. Auf dem linken Ohr höre er Stimmen, die ihm befählen, was er tun solle, und die ihm das Hellsehen ermöglichten.

Niemeyers Hauptziel war jedoch noch viel ehrgeiziger. Die Stimmen hatten ihm mitgeteilt, er sei berufen, Tote wieder zum Leben zu erwecken. Niemeyer verhehlte sich und seinen Anhängern nicht, wie schwierig das sei. Aber er hoffte, in den Büchern die geeignete Methode zur Überwindung des Todes zu finden.

Niemeyer bedrängte auch seine Frau und seine Kinder ständig, alles diesem Ziel unterzuordnen und bedingungslos an seine überirdischen Handlungen zu glauben.

Eine seiner Töchter, die 17jährige Renate, die kurz vor dem Abitur stand, war über diese Situation unglücklich. Krampfhaft versuchte sie, die Existenz übernatürlicher Mächte mit den in der Schule gelernten Gesetzen der Chemie und Physik in Einklang zu bringen. Die älteste Tochter, die 22jährige Hedwig, wohnte ebenfalls noch bei ihren Eltern. Eines Tages jedoch verbreitete sich das Gerücht, Hedwig sei verschwunden, und zwar schon längere Zeit.

Die Kripo erfuhr davon und begann nachzuforschen. Bald stellte sich heraus, daß Hedwig seit mindestens zwei Jahren von niemandem im Dorf mehr gesehen worden war.

Der ermittelnde Beamte suchte die Familie Niemeyer auf. Niemeyer bestätigte, daß Hedwig vor mehr als zwei Jahren weggezogen sei und auf einem Bauerngut in Westfalen arbeite.

Noch bevor die Kriminalpolizei diese Aussage überprüfen konnte, erschien der genannte Bauer bei dem ermittelnden Kriminalisten und bestätigte, Hedwig befinde sich auf seinem Hof. Er erklärte sich bereit, das mit einer polizeilich bestätigten Aufenthaltsgenehmigung zu beweisen. Der Kriminalist war mit diesem Vorschlag einverstanden. Doch er wartete vergeblich auf das Dokument, sein Mißtrauen wuchs, daß ihm etwas verheimlicht wurde. Die Nachforschungen wurden verstärkt und erbrachten immer widersprüchlichere Ergebnisse. Mehrere Zeugen – alle aus dem Dorf und dem

Freundeskreis Niemeyers – meldeten sich und erklärten, sie hätten Hedwig in letzter Zeit da oder dort gesehen. Beweise konnten sie nicht erbringen.

Niemeyer wurde erneut vernommen. Nun behauptete er, Hedwig sei krank, befinde sich in ärztlicher Behandlung und wohne deshalb bei seiner Nichte. Er fügte hinzu: »Warten Sie bitte bis zum kommenden Montag. Um 17 Uhr werde ich mit Hedwig auf dem Amt erscheinen, dann können Sie sich überzeugen, daß sie am Leben ist.«

Aber der Montag verging, ohne daß sich Vater und Tochter bei der Kriminalpolizei blicken ließen.

Nun war die Kripo überzeugt, daß Hedwig ermordet worden war. Die gesamte Familie wurde verhaftet.

Empörung und Wehklagen verbreitete sich unter Niemeyers Jüngern. Ihr Oberhaupt ein Mörder! Der Wohltäter der Menschheit ein Verbrecher! Zugleich jedoch vertrauten sie seiner hellseherischen Gabe. Er würde schon erklären können, was mit Hedwig geschehen war und wo sie sich aufhielt.

Gleich bei der ersten Vernehmung erklärte Niemeyer, er wolle die Wahrheit sagen. Er habe Hedwig nicht ermordet, sie sei vor zweieinhalb Jahren an einer Lungenentzündung gestorben.

»Und die Leiche?« fragten die Kriminalisten ungläubig, »wo wäre dann die Leiche?«

»Das kann ich Ihnen jetzt noch nicht sagen. Sie werden es in fünf Tagen erfahren.«

»Wir müssen es sofort wissen!«

»Warum? Ich habe den Befehl, noch fünf Tage zu warten.«

»Von wem haben Sie den Befehl?«

»Von den Stimmen.«

Die Kriminalisten wußten bereits, daß Niemeyer Leiter eines okkultistischen Zirkels war. Doch sie hatten keine Lust, sich übersinnlichen Befehlen zu unterwerfen. Sie forderten Niemeyer erneut auf, ihnen zu sagen, wo sich Hedwigs Leiche befand. Niemeyer schloß die Augen und bewegte die Lippen. Er hielt stumme Zwiesprache mit den Geistern. Dann öffnete er die Augen: »Ich darf es verraten. Hedwig befindet sich in unserer Wohnung.«

Der Kriminalist F. Volkhardt, der an der Durchsuchung der Wohnung teilgenommen hatte, berichtete darüber:

»Nach dem Leichenfund erneut vernommen, sagte Niemeyer, seine Tochter sei damals an Lungenentzündung erkrankt. Einen Arzt konnte er nicht bezahlen. Er habe selbst mit Lehmpackungen die Behandlung Hedwigs unternommen, leider ergebnislos. Nach ihrem Tode hätte er Hedwig dann gemäß der Anleitung durch die Stimmen bestattet, damit er, wenn er die Kunst endlich beherrsche, Hedwig wieder zum Leben erwecken und sie in Schönheit auferstehen lassen könne. In fünf Tagen, nachmittags 17 Uhr, sollte die ›Auferstehung im Fleische‹ stattfinden, der ein besonderes Ereignis vorangehen würde. Dieses Ereignis sei zweifellos das Erscheinen der Kriminalpolizei gewesen.«

Ob die Lungenentzündung die wirkliche Todesursache gewesen war, ließ sich gerichtsmedizinisch an der skelettierten Leiche nicht mehr feststellen. Die Kriminalpolizei sah jedoch keinen Anlaß, diese Angaben Niemeyers und seiner Familie zu bezweifeln. Über die abschließenden Ermittlungen der Kriminalpolizei berichtete Volkhardt:

»Es ist nicht meine Absicht, hier über die jahrhundertealte Geschichte des Hexenwahns und seine Ursachen zu berichten. Gesellschaftlich-soziale, mystische, religiöse, psychologische und ökonomische Wurzeln verflechten sich miteinander. Der vernunftbegabte Leser wird aber angesichts solcher Vorgänge erstaunt fragen, wie magisch-mittelalterlicher Aberglaube im Atomzeitalter noch immer existieren, ja sich zunehmend wieder ausbreiten kann.

Aufklärung, Wissenschaft und Rationalismus als Waffen gegen Aberglauben, Irrationalismus und Okkultismus haben versagt. Im Gegenteil, die Überzeugung von der Allmacht der Wissenschaften, die grenzenlose Expansion der Technik, die Lösbarkeit gesellschaftlicher Konflikte ist heute einem Gefühl der Ohnmacht gewichen. Der Mensch fühlt sich anonymen geheimen Mächten und einer immer unbegreiflicheren technischen Vernetzung mit einer verheerenden Zerstörung der Umwelt und der natürlichen Lebensgrundlagen wehrlos ausgeliefert. Er sucht seine Unsicherheit geistig und seelisch zu bewältigen.

Die einen finden Kraft in ihrem Glauben an den Fortschritt oder an die Weissagungen politischer Welterlösungsprogramme, andere im Glauben an den unerforschlichen Ratschlag Gottes und schließlich welche auch im Aberglauben an die Mithilfe übernatürlicher Mächte, das Böse zu bannen. Und im Unterschied zur Religion, die Gottes Walten passiv und demütig hinnehmen läßt, hofft der abergläubische Mensch, durch Beschwörung, durch Magie, durch einen Pakt mit guten und bösen Geistern sein Schicksal beeinflussen zu können.«

Christoph Schorsch formulierte die Situation sehr prägnant: »Die apokalyptische Bedrohung der Menschheit durch Atombomben und ökologische Zerstörung liefert das historisch einmalige Setting, in dem die heutige Lust am Irrationalen angesiedelt ist. Sie wird um so heftiger, je irrationaler die Verhältnisse selbst werden ...«

In der neuen Irrationalität komme somit »das wachsende Unbehagen an der wissenschaftlich-technischen Zivilisation besonders bedenklich zum Ausdruck«.

Einen anderen Weg, sich einem ausweglosen Leben in einer neuen, bedrohlicheren Welt zu entziehen, sucht der Süchtige.

H. Bratzke und E. Klug vom Institut für Rechtsmedizin der FU Berlin schildern Gewalttaten zweier Rauschgiftsüchtiger.

Diese Handlungen sind deshalb erschreckend, weil sie eine oft unbeabsichtigte Erklärung für den Hexenwahn liefern. Keine soziale, keine psychologische, sondern eine physiologische Erklärung.

1982, so heißt es in diesem Bericht, wurde eine 24 Jahre alte Krankenschwester obduziert. Sie war in der Wohnung blutverschmiert aufgefunden worden. Ihr Ehemann, ein 20jähriger Kunstmaler, hatte bei seiner Vernehmung anfangs erklärt, drei Männer hätten seine Frau mit zahlreichen Messerstichen getötet. Aber der Zustand der Wohnung weckte bei Kriminalisten und Rechtsmedizinern Zweifel. Die Räume waren völlig verwüstet. Die Katze war an der Zimmerwand zerschmettert worden. Überall an den Wänden und Türpfosten gab es Blutspuren. Nachbarn hatten Schreie gehört und einen wie »Tarzan« umherhüpfenden grinsenden Mann am Fenster gesehen.

Die Sektion der Toten ergab, daß der Frau zahlreiche stumpfe und scharfe Verletzungen zugefügt worden waren. Ihr Tod war plötzlich durch Erwürgen erfolgt. Ihr Blut enthielt LSD. Im Harn und in der Gallenflüssigkeit fand sich Morphin. Beim Ehemann der Toten war im Harn ebenfalls LSD nachweisbar.

Die Ermittlungen ergaben, daß der Ehemann am Abend, acht Stunden vor der Tat, einen LSD-Trip unternommen hatte. Was danach geschah, entzog sich der deutlichen Erinnerung des Mannes. Er wußte nur noch, daß ihn eine »ungeheuer tödliche Angst« ergriffen hatte. »Ich hockte auf dem Boden, hörte Stimmen über Teufel und so unlogische Sachen. Meine Hände glichen Teufelskrallen.« Ob er seine Frau getötet hatte, daran konnte er sich nicht erinnern.

Die neurologisch-psychiatrische Untersuchung erbrachte keine juristisch bedeutsame psychische Erkrankung. Jedoch war er wegen krankhafter seelischer Störungen und tiefgreifender Bewußtseinstrübung zur Tatzeit schuldunfähig.

Er wurde wegen vorsätzlichen Vollrausches zu einer Freiheitsstrafe von zwei Jahren verurteilt.

Ein Jahr später, 1983, fiel ein 25jähriger Bauzeichner ohne jeden Anlaß Mitbewohner des Hauses, darunter Kinder, an, verletzte sie schwer durch Schläge und würgte ein Kind, bis es bewußtlos war. Auch dieser Mann hatte LSD genommen, zum ersten Mal, wie er angab. Danach habe ihn heftige Unruhe ergriffen, die Herzklopfen und Angst zur Folge hatte. Er konnte die Welt um sich herum nur noch verschwommen wahrnehmen, er verlor jegliches Gefühl für die Zeit. Halluzinationen von Hexen und Teufeln mit gräßlich entstellten Gesichtern erfüllten ihn mit Entsetzen.

Zeugen ergänzten diese Aussagen. Er habe ihnen zwei Kochlöffel in Form eines Kreuzes entgegengestreckt und auch Kreuze in den Schnee gekratzt.

Er selbst konnte sich an seine Gewalttätigkeit nicht erinnern. Die Blutprobe bestätigte die Einnahme von LSD. Die forensisch-psychiatrische Diagnose, so weiter im Bericht, nahm eine durch das Rauschgift bedingte

Psychose mit tiefgreifender Bewußtseinsstörung an. Dieser Angeklagte wurde, da er wahrscheinlich zum ersten Mal LSD genommen hatte und dessen Wirkung nicht kannte, nur wegen fahrlässigen Vollrauschs verurteilt.

In beiden Fällen berichteten die Täter übereinstimmend, daß sie durch das Rauschgift Halluzinationen von Hexen und Teufeln gehabt hätten.

Die Gutachter weisen darauf hin, daß LSD zu sogenannten Horrortrips führen könne. Die Gefährlichkeit solcher Zustände werde unterschätzt.

Daneben ist jedoch auch ein anderer Aspekt bedeutsam: Bestimmte toxische Substanzen erzeugen Sinnestäuschungen. Das liefert uns eine weitere Erklärung für das Entstehen von Hexenwahn.

So hat der Hexenwahn auch einen chemischen Aspekt.

Nachtschattengewächse beispielsweise enthalten Substanzen, die Halluzinationen hervorrufen. Daraus wurde Hexensalbe hergestellt.

Mittelalterliche Berichte nannten als Grundlage dieser Salben z. B. Stechapfel, Fingerhut, Mohn, Schierling, Wolfsmilch. Einige Nachtschattengewächse enthalten das sehr giftige Alkaloid Scopolamin. Wird die Hexensalbe in die Haut eingerieben oder die getrocknete Substanz als Tee getrunken, erzeugen sie Halluzinationen wie haushohe Flüge durch die Luft, phantastische Reisen in fremde Welten, Stimmen flüstern, greuliche Fratzen und Tiergestalten tauchen auf.

Wer auch immer sich diese Hexensalbe zusammenmischte und damit von Halluzinationen heimgesucht wurde, die Grenzen zwischen Wirklichkeit und Vision verfließen. Die Halluzination wird zur Realität, erst recht damals für die Menschen, die noch an Geister, Dämonen und Teufel glaubten. Und wer töricht genug war, von seinen phantastischen Erlebnissen zu erzählen, konnte rasch bezichtigt werden, eine Hexe oder ein Zauberer zu sein. Und da er vielleicht selber an die Realität seiner Halluzinationen glaubte, gestand er unter der Folter oder auch ohne sie die absonderlichsten Abenteuer ...

Natürlich läßt sich Hexenwahn nicht allein dadurch erklären, schrieb H. Römpp in seinem Buch über chemische Zaubertricks: »Trotzdem scheint es keinem Zweifel zu unterliegen, daß eine von den vielen Wurzeln des unseligen Hexenwahns in der Vergiftung mit scopolaminhaltigen Nachtschattengewächsen zu suchen ist. Stechapfel und Bilsenkraut werden im Licht dieser Überlegung zu dunklen Schicksalsmächten, um derentwillen Hunderttausende einen furchtbaren Tod sterben mußten.«

Den Teufel im Kopf

Bei unserem Streifzug durch die Welt der Hexen, Teufel und Zauberer ist die Geschichte der Hildegard Höhnel die abenteuerlichste. Man fühlt sich in Zeiten zurückversetzt, in denen Frauen, von Folterqualen bedrängt, eingestanden, vom Teufel besessen zu sein.

Hildegard Höhnel wurde nicht gefoltert. Im Deutschland der fünfziger Jahre gab es keine Folter mehr. Sie gestand freiwillig, den Teufel in sich zu haben. Wann ihr Wahn entstand und wie er sich immer mehr verfestigte, läßt sich aus ihrer Lebensgeschichte ziemlich genau nachvollziehen.

Hildegard wurde einige Jahre vor dem Ersten Weltkrieg geboren. Sie hatte noch fünf Geschwister. Ihr Vater war Werkmeister, ein geistig reger Mann. In seiner Freizeit betätigte er sich als Statist an einem kleinen Theater und trat zuweilen in einer Nebenrolle auf. Vielleicht war diese Nebenbeschäftigung aber auch eine Flucht, weg von zu Hause.

Seine Frau war neurotisch und streng religiös. Sie verschloß sich gegenüber ihren Mitmenschen. Doch diese zwiespältige Häuslichkeit schien Hildegard nicht sonderlich zu beeinflussen. Das lebhafte und intelligente junge Mädchen wurde stark vom weltoffenen, künstlerisch aufgeschlossenen Vater geprägt. Durch ihn lernte sie die Welt des Theaters kennen, und bald war es ihr sehnlichster Wunsch, Schauspielerin zu werden. Dem aber widersprachen die Eltern – die Mutter, weil sie Vorbehalte gegen diesen Beruf hatte, der Vater, weil er meinte, Hildegard sollte zuerst einmal einer »ernsthaften« Arbeit nachgehen.

So nahm Hildegard nach ihrem Schulabschluß eine Tätigkeit als Haushaltshilfe an. Statt als Luise Miller auf der Bühne zu stehen, mußte sie Kartoffeln schälen und Staub wischen. Das war für Hildegard eine schwer zu bewältigende Enttäuschung. Sie hielt es in keinem Haushalt lange aus und mußte sich in den nächsten Jahren mehrmals einen neuen Arbeitgeber suchen.

Inzwischen war Hildegard 21 Jahre alt geworden. Ihr Jugendtraum hatte sich nicht erfüllt. Ihr Alltag war trist. Sie konnte sich nicht damit abfinden.

Während eines Urlaubs lernte sie einen jungen Priester kennen. Zwischen beiden entflammte eine leidenschaftliche Liebe.

Bald stellte Hildegard fest, daß sie schwanger war. Ein uneheliches Kind mit einem Priester! Schande für den Geliebten, Schande für sie.

Sie entschloß sich zu heimlicher Abtreibung bei einer Kurpfuscherin. Der Eingriff gelang zwar, hatte aber eine Bauchfellvereiterung zur Folge. Beide Eierstöcke und die Gebärmutter mußten entfernt werden. Diese Ereignisse riefen bei Hildegard eine Lebenskrise hervor. Die religiöse Prägung durch die Mutter war so tief in ihr verwurzelt, daß sie die Liebesbeziehung zu dem Priester als eine schwere Schuld empfand. Sie hatte verschiedene Gebote, die bisher für sie gültig gewesen waren, verletzt. Etwas in ihr war mächtiger als ihr freier Wille. Nach ihrem religiösen Weltbild konnten ihre verwerflichen Handlungen nur das Werk des Teufels sein. Der Teufel hatte sich in ihr eingenistet, der Teufel besaß sie, sie war vom Teufel besessen.

Welche Macht mußte der Teufel haben, wenn er alle Gebote der Religion und Moral in ihr hatte zerstören können. Wie ohnmächtig mußte Gott, wie schwach die Kirche sein, die das nicht verhindern konnten! Und so beschloß sie, die Macht des Bösen anzuerkennen und sich ihr unterzuordnen.

Sie verfaßte einen Kontrakt mit dem Teufel, in dem es hieß: »Ich verschreibe mich den dämonischen Mächten heute mit Leib und Seele, gebe mich mit allen guten und schlechten Gedanken den Kräften hin, die denselben Haß haben müssen, wie ich ihn habe. Daß sie uns helfen gegen Weihwasser und Weihrauch und die ganze Kirche ...«

Hildegard bewarb sich in einem Kloster als Krankenpflegerin. Hier fand sie die Stätte, die ihr Gelegenheit gab, ihren Haß gegen die Kirche auszuleben. Sie beschmutzte den Hostienschrein, tauschte geweihte gegen ungeweihte Hostien aus, erging sich in zynischen Bemerkungen über Kirche und Religion. Der Glaube, vom Teufel besessen zu sein, ergriff völlig von ihr Besitz, steigerte sich zu Wahnvorstellungen, die sich immer mehr verfestigten und durch nichts mehr erschüttert werden konnten: durch kein logisches Denken, durch keine Gegenbeweise anderer Menschen.

Dabei kann der vom Wahn Befallene außerhalb seines Wahnzustandes völlig normal denken und handeln. Er kann auch seinen Beruf ausüben, solange dieser nicht von seinem Wahn berührt wird.

Das war auch bei Hildegard der Fall. Nachdem sie im Kloster durch ihr antireligiöses Verhalten aufgefallen und aus dem Dienst entlassen worden war, verblieb sie in der Krankenpflege, legte nach einem Lehrgang das Examen ab und nahm Arbeit im privaten Pflegedienst auf.

Ihre Ehe mit einem älteren Mann wurde bald wieder geschieden. Der Zweite Weltkrieg brach aus. Hildegard meldete sich als Krankenschwester in einem Lazarett, arbeitete teils im Stationsdienst, teils im Operationsraum. Zu dieser Zeit war ihr Wahnsinn bereits so weit fortgeschritten, daß er auch zu körperlichen Krankheitserscheinungen führte. Bei Berührung mit Weihwasser bildeten sich Blasen auf ihrer Haut. Die »Besessene« wand sich in Schreikrämpfen, bald konnte sie ihren psychopathischen Zustand nicht mehr verbergen. Er begann sich auf ihre Arbeit auszuwirken. Während des Dienstes als OP-Schwester schrie sie vor Schmerzen auf und behauptete, der Teufel winde sich als Schlange um ihren Körper, sie müsse ersticken.

Sie wurde untersucht: An ihrem Körper fanden sich spiralförmige Rötungen, die an einen Abdruck durch eine Schlange denken ließen. Ein andermal bemerkte man zahlreiche Schnittverletzungen an ihr. Sie sagte, der Teufel habe ihr befohlen, sich so zu verletzen. Sie klagte über Koliken und Rückenschmerzen, die ihr die Arbeit unmöglich machten. Sie erhielt starke Schmerzmittel, u. a. Dilaudid, ein Opiat; das schien sie zu beruhigen. Als der behandelnde Arzt das Medikament absetzte, ertrotzte sie es sich durch hysterische Schreikrämpfe. Bald war sie völlig vom Morphium anhängig. Ihre Forderung nach immer höheren Dosen begründete sie damit, daß ihr der Teufel täglich befehle, sich Verletzungen zuzufügen. Das Morphium lindere ihre Schmerzen. Es versetze sie in einen glückseligen Zustand. Schließlich mußte sie wegen Rauschgiftsucht klinisch behandelt werden. Die Ärzte standen ihrer Erkrankung hilflos gegenüber. Ein Psychiater bezeichnete ihren Zustand als naturwissenschaftlich und medizinisch nicht erklärbar.

Hildegard wurde nach der Entziehungskur wieder entlassen. Nach zwei Jahren mußte sie erneut zur Entziehung. Auch hier bekräftigte sie immer wieder, sie sei vom Teufel besessen und dadurch krank. Eine Geisteserkrankung im engeren Sinne konnte nicht festgestellt werden. Sie sei jedoch eine hochgradig psychopathische Persönlichkeit mit zahlreichen hysterischen Mechanismen. Vor Ärzten und anderen Patienten gab sie typische hysterische Schauvorstellungen. Sie gebärdete sich rasend, weil angeblich sieben verschiedene Teufel sie quälten. War sie allein, kam es niemals zu solchen Demonstrationen.

Die nächsten Jahre vergingen im Wechsel zwischen

Klinikaufenthalt und Rückzug in die Obhut der Familie. Immer wieder klagte sie über kolikartige Schmerzen in der Nierengegend. Immer wieder verschrieben ihr die Ärzte trotz Betäubungsmittelsperre Morphium.

Der körperliche Verfall der Süchtigen war nicht mehr aufzuhalten. Sie magerte ab, lebte stumpf und apathisch vor sich hin.

Wegen Schlafstörungen erhielt sie ein starkes Schlafmittel. Sie trank fast die ganze Flasche aus und wurde bewußtlos. In der Klinik stellte man Lungenentzündung mit hohem Fieber fest.

Nach drei Tagen starb Hildegard Höhnel an Kreislaufversagen.

Es wurde eine Obduktion angeordnet.

Bei der äußeren Besichtigung der Leiche fanden sich zahlreiche frische Injektionsstellen neben vielen vernarbten.

Es wurden Leber- und Nierenschäden festgestellt. In der Leber, den Nieren und im Urin konnten Reste von Veronal, einem starken Schlafmittel, nachgewiesen werden.

Besondere Aufmerksamkeit widmeten die Obduzenten der Untersuchung des Gehirns, um festzustellen, ob die psycho-pathologischen Störungen Ausdruck einer Hirnerkrankung gewesen sein könnten.

Man stieß auf zwei Veränderungen, die unterschiedlich waren und auch verschiedene Ursachen hatten. Das waren zum einen Veränderungen, die durch die Schlafmittelvergiftung und das Kreislaufversagen entstanden waren. Diese akuten Veränderungen sagten nichts über das chronische psychische Krankheitsbild aus.

Interessanter dagegen war eine zweite Gruppe von Veränderungen, nämlich anatomische. Die Struktur der Großhirnrinde war geschädigt, Nervenzellen waren deformiert. Die Frage, ob diese Schäden von der Morphiumsucht verursacht worden waren, konnte allerdings nicht mit Sicherheit beantwortet werden, da es über einen solchen Zusammenhang keine einheitliche wissenschaftliche Meinung gab. Möglicherweise führte erst das Zusammenwirken von Morphium und Schlafmittel zur Degeneration der Hirnzellen.

Soweit der Bericht von F. Petersohn vom Institut für gerichtliche Medizin und Kriminalistik der Universität Mainz aus dem Jahr 1964 über den Fall Hildegard Höhnel.

Nachdem Petersohn die mögliche Beziehung zwischen der psychischen Erkrankung und den anatomischen Veränderungen in der Großhirnrinde erörtert hatte, wandte er sich der Frage zu, ob damit auch das Psychosyndrom bereits erklärt sei. Er verneinte es. Man müsse auch den Lebenslauf der Frau und ihre eigene Sicht auf ihre Persönlichkeitsentwicklung hinzuziehen.

Petersohn geht davon aus, daß bestimmte auffällige Verhaltensweisen der Hildegard Höhnel nicht anatomisch begründet seien.

Sie hätte bereits als Kind gewisse Auffälligkeiten gezeigt. Die Befähigung, aber auch das Bedürfnis, eine »Rolle zu spielen«, sei sicherlich nicht in der anatomischen Struktur begründet, und die am Gehirn festgestellten Auffälligkeiten seien an sich keine Fehlbildungen, sondern spätere Degenerationen.

Weiter heißt es: »In dem Kind zeigte sich schon relativ früh ein Lebensstil, der wie ein festgefügtes Verhaltensschema durch das ganze Leben zu verfolgen ist. Es ist der Grundmodus des Demonstrativen. Der Inhalt dessen, was ›demonstriert‹ wird, ist jedoch von der Thematik der unverarbeiteten Problematik abhängig. In dieser Beziehung sind Erziehung, Weltanschauung und Lebenseinstellung, Konstitution, Triebbedürfnis und Triebbefriedigung in ihrer Beziehung zur Umwelt und zu den konkreten Möglichkeiten die problembildenden Faktoren.«

Da die häuslichen Verhältnisse es nicht zuließen, Hildegards Ansprüche, Wünsche und Bedürfnisse zu befriedigen, sah sie sich veranlaßt, sich in Auftritten zu »produzieren«, was durch das Konflikthafte in der religiösen Beziehung noch verstärkt wurde.

Die Schwangerschaft mit der Abtreibung und deren Folgen brachte Hildegard in eine ihr ausweglos erscheinende Lebenssituation und hatte entscheidende Bedeutung für ihre später übernommene »Rolle«. Ihre Flucht in den Orden sei als Bestreben zu werten, eine im Bewußtsein enthaltene Schuld auszulöschen. Doch das ihr bei der offenbar strengen Erziehung eingeschärfte Schuldgefühl ließ dies nicht zu. Ein Hineinwachsen in die Gemeinschaft war ihr unmöglich. Sie blieb mit ihrer Schuld allein, bildete sich in einem neurotischen Schuldgefühl ein, zur Verdammnis verurteilt zu sein. Das war nach Meinung Petersohns »der Ausgangspunkt der später erst sich voll entfaltenden Rolle der ›Besessenen‹ mit der damit notwendigerweise zusammenhängenden Beachtung seitens der Umgebung. Früh geprägte Verhaltensmuster bilden so die Voraussetzung des späteren Verhaltens, nicht aber das Bestehen bestimmter struktureller Gegebenheiten im Gehirn.« Bemerkenswert sei jedoch, daß sich das Erscheinungsbild zunehmend dramatisiere und ausweite, ja abartigen Charakter annähme und sich schließlich zu einer psychotischen Desorientiertheit mit einem Zerfall der Persönlichkeit steigere.

Petersohn kommt zu der Schlußfolgerung:
»Die im vorliegenden Fall beschriebene Symptomatik der ›Besessenheit‹ ist somit weder allein der Ausdruck eines pathologisch-anatomischen Syndroms bei einer bestehenden Sucht noch ausschließlich in dem individuellen Verhaltensmodus als der Grundform der Auseinandersetzung mit der Umwelt zu begründen, sondern aus der Gesamtheit aller Gegebenheiten und nicht zuletzt aus der spezifischen Art des Bewußtseinsinhaltes der Frau mit der für sie typischen konflikthaften Auseinandersetzung mit den Problemen im religiösen Bereich, d. h. der Schuld und dem Trieb, der Versündigung, der Erlösung und der Verdammnis, zu erklären.«

Die Geschichte der Hildegard Höhnel offenbart, wie sich eine Frau in ihrer eigenen Sicht als Opfer des Teufels verstand. Vor 300 Jahren wäre sie als Hexe verbrannt worden.

Am Schluß dieses Kapitels wiederhole ich: Der Glaube an die reale Existenz von Hexen, Dämonen und Teufeln ist Aberglaube, ist eine Form von Wahn. Wer diesem Wahn verfallen ist, wird erregt widersprechen. Die Erfahrung zeigt, wie sinnlos alle Versuche sind, einen zur unerschütterlichen Überzeugung gewordenen Glauben anzuzweifeln oder gar dagegen anzugehen. Und wenn den Hexen- und Teufelsgläubigen heutzutage eine unübersehbare Schwemme okkultistischer Bücher, Horrorfilme und unkritischer Presseberichte noch in seinem Wahn bestärkt, werden Aufklärung und Wissenschaft wenig gegen den Aberglauben ausrichten.

Die Kirche bekämpft zwar den Aberglauben als Verunglimpfung des heiligen Glaubens, aber solange zu diesem Glauben die Existenz des personifizierten Bösen, des Teufels, gehört, wird auch der kirchliche Feldzug gegen den Aberglauben nicht viel ausrichten.

Im Kampf gegen den Aberglauben gibt es keine Sieger und keine Besiegten. So sollte man sich im Umgang mit abergläubischen Menschen an die Bemerkung des Preußenkönigs Friedrich II. halten: daß jeder nach seiner Fasson selig werden soll.

III. Kapitel
Bizarre Todesfälle

Kopf in der Schlinge

Als der Klosterlehrer seinen 14jährigen Schülern einmal die Aufgabe stellte niederzuschreiben, was ihre liebste Freizeitbeschäftigung sei, notierte Caselo Hunyaby: Erfindungen machen, lesen, zeichnen. Und das war nicht nur so dahingesagt. Caselo betrieb diese Tätigkeiten mit leidenschaftlicher Hingabe, und wenn er abends ins Bett ging, empfand er Kummer und Zorn, weil er seine Pläne für diesen Tag längst nicht alle verwirklicht hatte.

Auch heute wird das wieder so, dachte er an diesem Nachmittag. Er hatte seine Schularbeiten erledigt, nun gehörten die nächsten Stunden ihm. Der Pflicht folgte die Freude.

Um diese Stunden war er allein in der Budapester Dreizimmerwohnung. Der Vater, Postangestellter, war auf Arbeit. Die 30jährige Schwester, eine Lehrerin, hatte noch in der Schule zu tun, und sein älterer Bruder Josef war bei Freunden. Nur die Mutter war zu Hause und schlief jetzt, denn sie hatte Nachtschicht.

Caselo ging ins Bad. Das war so geräumig, daß ihm die Eltern gestattet hatten, dort eine elektrische Eisenbahnanlage aufzustellen. Zwei Züge ließ Caselo über die verschlungenen, sich kreuzenden Schienen laufen. Manchmal kam es dabei zum Zusammenstoß. Caselo liebte es, wenn die Lokomotiven aufeinanderprallten und aus den Schienen sprangen. Aber er suchte auch nach einer Möglichkeit, den Crash zu verhindern, um ganz Herr über die beiden Züge zu sein. Seit Wochen beschäftigte er sich damit, eine automatische Regelung zu ersinnen, die ein absichtlich herbeigeführtes Eisenbahnunglück nicht zuließ. Bis jetzt hatte seine Erfindung noch nicht funktioniert. Aber Fehlschläge enttäuschten Caselo nicht. Er wußte, er würde einst ein bedeutender Erfinder werden, ein Elektroingenieur vielleicht. Diese Gewißheit beruhigte ihn, als es ihm auch jetzt nicht gelang, einen sichtbaren Fortschritt zu erzielen.

Er stellte die Eisenbahnanlage aus und verließ das Badezimmer. Er setzte sich in einen Sessel neben dem Couchtisch. Hier lag das Buch bereit, in dem er seit Tagen las: Schillers ausgewählte Werke.

Caselo hatte sich bereits ausführlich mit der Geschichte vergangener Jahrhunderte beschäftigt, war dabei auf das Schicksal der Maria Stuart gestoßen und hatte erfahren, daß Schiller ein Drama über die unglückliche schottische Königin geschrieben hatte. Im Machtkampf mit ihrer Widersacherin, der englischen Königin Elisabeth, unterlag sie. Aber es waren nicht die Personen, nicht ihre Handlungen, nicht die politischen Intrigen, die Caselo bei der Lektüre am meisten interessierten. Ihn fesselte der Höhepunkt des Dramas, die Hinrichtung Maria Stuarts. Caselo wußte nicht, daß Schillers ästhetischer Geschmack ihm verbot, auf offener Bühne die Enthauptung Marias zu zeigen. Er empfand Bedauern, daß Schiller die Hinrichtung der Königin durch ihren Geliebten Leicester nur beschreiben ließ. Aber Caselo besaß genügend Phantasie, so daß Leicesters Worte für ihn zu lebendiger Wirklichkeit wurden: »Horch! – Ganz laut betet sie – Mit fester Stimme – Es wird still! – Sie wird entkleidet – Der Schemel wird gerückt – Sie kniet aufs Kissen – Legt das Haupt –.«

Caselo hatte sich schon mit so mancher Hinrichtungsszene bekanntgemacht. Er wußte, daß sie mit dem Schwert oder dem Beil vollzogen wurde. Er wußte, wie das Opfer auf seinen letzten Gang vorbereitet wurde. Er wußte auch über die Scharfrichter, ihre Künste und Ehrbegriffe Bescheid. Der gewaltsame Tod, die Angst, das Blut waren für ihn zur zweiten Wirklichkeit geworden, in die er kraft seiner Phantasie jederzeit hineingleiten und die sonderbarsten Gefühle dabei erleben konnte. Höchst angenehme Empfindungen: Wenn er sich vorstellte, daß er zum Schafott geführt und hingerichtet werden sollte und daß er diesen schrecklichen Traum dann überlebte und ungefährdet in der elterlichen Wohnung wieder auftauchte.

»Sie legt das Haupt« – hier brach Leicesters Bericht ab. Hier ergänzte Caselo, was der Dichter verschwieg: Den Schwerthieb, den Blutstrahl, das fallende Haupt. Caselos

Vorstellung war so stark, daß er das Buch beiseite legte und seine Zeichenmappe holte.

Es war das Heimlichste, auch das Unheimlichste, was er nun auf den Tisch legte: die lustvollen Schreckensbilder seines Unterbewußtseins.

Er schlug die an beiden rechten Ecken verschnürte Mappe auf, blätterte sie durch. Die Zeichnungen der älteren Periode, wie er sie selbst ironisch nannte, und die Zeichnungen der jüngsten Periode. Die ältere Periode, das war die Manie eines anderen gewaltsamen Todes: Es waren die Bilder von Erhängten. Caselo konnte sich noch genau erinnern, wann das erste Bild einer Massenhinrichtung entstanden war. Vor einem Jahr hatte er Bücher über den Zweiten Weltkrieg gelesen und auch Bildbände in wachsender Erregung angesehen.

Partisanen, reihenweise an einem Balken erhängt. Menschen, an Bäumen und Straßenlaternen erhängt. Todeskandidaten in der Hinrichtungszelle erhängt. Rache, Gewalt, Tod, Entsetzen überall. Die Macht der Henker, die Hilflosigkeit der Opfer. Und dann, irgendwann, er wußte nicht warum, hatte er sich hingesetzt und mit einem Kohlestift auf ein Blatt Zeichenpapier das Foto einer Massenhinrichtung von Priestern abgezeichnet: An einem galgenähnlichen Balken schwebten drei Erhängte, dem vierten wird ein Strick um den Hals gelegt, zwei weitere Opfer warten auf ihren Tod.

Dann folgte Bild auf Bild: die einzelnen Stufen vor, während und nach dem Erhängen in allen Varianten, mit immer reicheren Details und geschickterer Stiftführung. Diese Zeichnungen hatte er noch den Eltern und der Schwester gezeigt, die mit verlegenem Lächeln darauf reagierten. Auch den Freunden und Schulkameraden, die verständnislose Bemerkungen dazu machten.

Dann aber, vor Wochen schon, der Ausbruch der »jungen Periode«, die weit grauenhafter als die »alte Periode« war. Es waren die alptraumhaften Szenen von Enthauptungen.

Wohlgefällig betrachtete Caselo die letzten Blätter. Das riesige Schafott. Der Henker, gesichtslos, eine Kapuze mit schwarzen Augenlöchern auf dem Kopf, steht reglos auf das Beil gestützt. Ein Todeskandidat steht gefesselt vor dem Holzklotz, von dem Blut herabrinnt. Ein Richter verliest das Todesurteil.

Ein anderes Blatt: Zwei Vermummte. Der eine übergibt dem anderen einen gefesselten jungen Mann. Der andere ist mit einem Beil ausgerüstet und übernimmt das Opfer. Das Opfer trägt Caselos Gesicht.

Das nächste Bild. Caselo kniet vor dem Schafott, der Scharfrichter hat bereits das Beil erhoben.

Und immer wieder Selbstporträts. Caselo mit gefesselten Händen. Caselo mit einem Beil hinter seinem Kopf. Caselos abgeschlagener Kopf auf einem Teller. Caselos Kopf auf einen Spieß gesteckt.

Caselo nickte zufrieden. Ja, er war ein großer Künstler. Was Schiller mit Worten beschrieben hatte, brachte er ins Bild.

Einmal, als er solche Bilder einigen Mitschülern zeigte, hatten sie gefragt: »Warum zeichnest du so schreckliche Bilder?«

Er hatte geantwortet: »Weil die Welt so schrecklich ist.«

Heute wollte Caselo mit der Konzeption für eine neue Zeichnung beginnen, die weit grandioser sein sollte als alle bisherigen. Im Mittelpunkt würde wieder er stehen, als Opfer. Er stellte gegenüber dem Wandspiegel einen zweiten Spiegel auf, so daß er sich im Profil sehen konnte, legte ein neues Blatt zurecht und begann zu zeichnen.

Aber er vollendete das Bild nicht, das er bereits in seiner Gesamtheit vor sich gesehen hatte. Denn wenige Tage später erhielt er zum Geburtstag ein Geschenk, das seine Phantasie auf ein anderes Gleis lenkte. Es sollte geradewegs in den Tod führen.

Der Vater schenkte Caselo einen Fotoapparat. Die Kamera faszinierte Caselo vom ersten Augenblick an, gab seinem makabren Gestaltungsdrang einen noch stärkeren Antrieb.

Warum, so überlegte er, soll ich mühsam zeichnen, was die Kamera technisch perfekt viel besser festzuhalten vermag. Statt umständlicher Selbstporträts nun fotografische Abbilder, die zudem auch noch realistischer alle Details einer Hinrichtung offenbaren, als ich das in den Kohlezeichnungen zustande bringe.

Caselo begann zu experimentieren. Er stellte ein Stativ auf, befestigte daran die Kamera und erprobte mit Hilfe des Sekundenzeigers einer Taschenuhr die Tätigkeit des Selbstauslösers. Als er sicher war, den Ablauf zu beherrschen, begann er den Vorgang, den er darstellen wollte, in einzelne Bewegungsbilder zu zerlegen. Er besaß ja keine Filmkamera, sondern bloß einen Fotoapparat, der ihm jeweils nur Standbilder einer Bewegung lieferte. Das war ein aufwendiges Unternehmen. Aber die Begeisterung verlieh ihm Energie und Geduld.

    Dann endlich begann er mit der ersten Aufnahme. Er wollte den Gang eines Mannes zum Schafott fotografieren. Er deckte ein Tuch über einen niedrigen runden Tisch. Das war das Schafott. Er zog seinen Trainingsanzug an. Der hohe, fast bis an die Ohren reichende Kragen der Jacke gab Caselo das Aussehen eines mittelalterlichen Edelmannes. Er stellte den Selbstauslöser ein und fesselte sich die auf den Rücken gelegten Hände. Er blickte auf die Uhr. Er hob das rechte Bein – der Gang zum Schafott beginnt. Klick, der Selbstauslöser. Er befreite sich von der Fesselung, stellte den Selbstauslöser neu ein, fesselte sich erneut, blickte auf die Uhr, hob das andere Bein. Klick, das nächste Bild: der Gefesselte vor dem Schafott. Dann: Er beugt sich nieder zum Schafott. Er legt den Kopf auf den Block. Das in vier Variationen fotografiert: von beiden Seiten, von hinten, frontal. Er fällt tot um.

    Caselo ließ den Film entwickeln. Er war zufrieden. Nur die letzten Bilder waren ein Problem. Der Enthauptete fiel tot nieder, aber leider saß ihm immer noch der Kopf auf dem Hals.

Einen Erhängten könnte man überzeugender imitieren. Kinofilme zeigten ja auch Erhängte, und das sieht ganz realistisch aus. Caselo überlegte, wie man im Film einen Erhängten vortäuscht. Beim Erhängen wird im Hals der Luftweg abgeschnürt, dachte er, man erstickt. Und der Schauspieler, den Hals in der Schlinge, hält das so lange ohne Schaden aus, wie er den Atem anhalten kann. Und diese Zeit müßte für eine Fotoaufnahme mit Hilfe des Selbstauslösers ausreichen.

So ging Caselo ans Werk. Am Oberlauf des Türstocks hing eine Ringschaukel. Er zog sie hoch und schob sie soweit wie möglich beiseite. An einem der Haken befestigte er einen Strick mit vier Schlingen. Er stellte das Stativ mit der Kamera auf und animierte den Selbstauslöser. Dann lehnte er eine Bockleiter an den Türpfosten und stieg einige Stufen empor. Er hängte die Taschenuhr an die Leiter und legte sich die Schlinge um den Hals. Klick. Die Aufnahme war im Kasten. Einstellung des nächsten Vorgangs. Wieder stieg er auf die Leiter, legte sich die Schlinge um, stieg langsam ein, zwei Stufen hinab, so daß sich der Strick spannte. Es klickte erneut. Nun zum dritten Bild. Wieder den Kopf in die Schlinge. Wieder einige Stufen hinab. Wieder spannte sich der Strick.

Plötzlich rutschte Caselo aus. Sein Körper hing frei im Raum.

Klick. Aber da war er schon tot. Er hatte nicht gewußt, daß der Tod augenblicklich und reflexhaft eintritt, wenn der Strick die Blutgefäße des Halses einschnürt.

Die Gerichtsmediziner stellten bei der äußeren Besichtigung der Leiche fest, daß Caselo körperlich weit über sein Alter entwickelt war. Sie stellten eine rundum laufende, hinten offene, doppelte Strangfurche fest, ferner die beim Erhängungstod üblichen Erscheinungen. Doch die Obduzenten begnügten sich nicht mit der Bestätigung der zuvor schon vermuteten Todesursache. Es interessierten sie die außerordentlich merkwürdigen Begleitumstände des Todesfalles, vor allem die sozialen Beziehungen und die psychologischen Hintergründe. Sie erforschten gründlich das Umfeld des Toten, sprachen mit seinen Eltern und Geschwistern, Lehrern und Mitschülern. Die Aussagen der Befragten, die Auffindungsart der Leiche, die Fotos und Zeichnungen ergaben das »beunruhigende Bild« eines begabten, von seelischen Störungen heimgesuchten Jungen. Sie schlossen einen Selbstmord ebenso aus wie eine Geisteskrankheit. Sie entdeckten Anzeichen einer psychischen Fehlentwicklung, die jedoch nicht erkennen ließ, wie sie weiter verlaufen wäre, wäre Caselo nicht tödlich verunglückt.

Caselos Familie war eine Familie mit autistischen Zügen. Äußerlich harmonisch, war sie dennoch in verschiedene isolierte Individuen zerfallen. Man war freundlich zueinander, wußte aber nichts vom anderen. Caselos älterer Bruder konnte nicht einmal genau den Beruf des Vaters angeben. Die Mutter war neurotisch und überließ die Kinder sich selbst.

Caselo galt vor der Pubertät als sehr aggressiver Einzelgänger. In der Pubertät änderte sich das, er fand guten Kontakt zu seinen Mitschülern und entwickelte zahlreiche schulische Aktivitäten. Er las viel, meist geistreiche Werke, bastelte, mühte sich mit technischen Erfindungen ab, zeichnete.

Was er jedoch über das Leben, die Menschen und sich selber dachte, blieb weitgehend im Verborgenen. Es läßt sich nur aus seinen Zeichnungen erahnen. Wahrscheinlich war er viel sensibler und verletzlicher, als man vermutete. Möglicherweise richtete sich die kindliche Aggressivität, in der Pubertät unterdrückt und verdrängt, nun gegen sich selbst. Autistische Menschen wie Caselo sehen sich als Mittelpunkt der Welt, sie sind das Maß aller Dinge. Aber diesen Anspruch erfüllt ihnen die Realität nicht. Dann sehen sie sich in ihrer Selbstüberheblichkeit als Opfer einer bösen Welt. Daß Caselo den Gehenkten und Geköpften das eigene Gesicht verlieh und sich so mit ihnen identifizierte, mag unbewußt der Wunsch nach Selbstbestrafung gewesen sein.

Die Gerichtsmediziner Szabó und Panete, die diesen Fall untersuchten, sprachen von einer sadomachistischen Phantasietätigkeit und möglichen Todesphantasie »mit der Wunschrichtung auf das reale Erleben solcher Dinge mit etwas theatralisch-exhibitionistischem Charakter ...« Die Weiterentwicklung dieser pathologischen Strukturen wurde durch den verhängnisvollen Unfall verhindert.

Gerald Koschany liebte Späße, makabre Späße, aber er übersah nicht immer die möglichen Folgen. Der 52jährige Bahnbeamte lebte mit seiner Frau Maria und der erwachsenen Tochter in einem Wiener Vorort. Vielleicht ließ ihn die eintönige Büroarbeit, vielleicht das fade Familienleben nach kurzzeitiger Abwechslung, nach Aufregung suchen. Vielleicht war er ganz einfach vom Charakter so ein Mensch, der sich freute, wenn er andere in Angst und Schrecken versetzen konnte.

Maria hatte viele solcher Späße in unauslöschlicher Erinnerung.

Einmal fuhr sie mit ihrem Mann in Urlaub. Sie saßen im Eisenbahnabteil, als Gerald plötzlich aufsprang und nach dem Koffer im Gepäcknetz griff. Er rüttelte daran und sagte zu Maria im Flüsterton, aber so laut, daß die Mitreisenden es hören konnten: »Maria, ich glaube, aus unserem Koffer tropft Blut von der zerstückelten Leiche.« Der Schock der Mitreisenden war so heftig, daß Maria Mühe hatte, die Worte ihres Mannes wie einen Scherz hinzunehmen. Ein andermal hatte sich Gerald in Abwesenheit von Frau und Tochter einen Sarg bestellt, und als die beiden heimkamen, fanden sie Gerald im Sarg liegen, zwei brennende Kerzen am Kopfende. Auch Krankheiten täuschte er gern vor. Er spuckte Blut, erlitt einen Infarkt, bekam epileptische Anfälle. Maria fiel immer wieder auf seine Spiele herein. Wenn sie sich dann von ihrem Schrecken erholt hatte, sagte sie manchmal: »Du bleibst ewig ein Kind.«

Nach seinem letzten Scherz konnte Gerald diesen Vorwurf nicht mehr hören.

An diesem Abend nahmen Gerald, seine Frau und die Tochter das Abendessen wie immer zu später Stunde ein. Der folgende Tag war ein Feiertag. Man saß noch etwas zusammen, bis sich Maria erhob und als erste zu Bett ging. Nicht lange danach wünschte Gerald eine gute Nacht und verließ das Zimmer. Dann ging auch die Tochter schlafen.

Gegen Mitternacht stand Maria auf, um zur Toilette zu gehen. Sie wunderte sich, daß ihr Mann nicht im Bett lag. Vielleicht ist er auch gerade zur Toilette gegangen, dachte sie. Der Weg zur Toilette führte durch die Waschküche.

Maria öffnete die Tür zur Waschküche, hier brannte noch Licht. Sie trat ein und erblickte Gerald. Er saß auf einem Stuhl, vornübergesunken, den Kopf auf den Knien. Ein straff gespannter Strick verlief von seinem Hals empor zu einem Ofenrohr.

Maria war müde und nicht zum Scherzen aufgelegt. Sie nahm sich vor, den simulierten Erhängungstod nicht zur Kenntnis zu nehmen. Damit würde sie Gerald am meisten kränken.

Sie ging an ihm vorbei in die Toilette. Als sie wieder herauskam, saß Gerald noch immer in der gleichen, sicherlich anstrengenden Haltung.

Maria trat vor ihn hin. »Gerald! Hör auf und komm mit schlafen.« Gerald rührte sich nicht.

»Ich habe deine Kindereien satt!« rief Maria. Sie griff

nach seinen Schultern, wollte ihn vom Stuhl emporziehen. Da merkte sie, Gerald war tot.

Entschlossen weckte Maria ihre Tochter und schickte sie zum nächsten Polizeirevier. Die Tochter kehrte bald mit einem Polizeiwagen zurück. Der Polizist notierte sich die Stellung der Leiche: Oberkörper nach vorn gesunken, der Strick etwa 1 $^1/_2$ m lang. Der Polizist war sich sicher: Hätte Gerald Koschany aufrecht gesessen, hätte ihn die Schlinge nicht strangulieren können. Erst als der Mann nach vorn kippte, zog sich die Schlinge tödlich zusammen.

Später erhob Maria Koschany Anspruch auf Auszahlung der Lebensversicherung ihres Mannes. Die Versicherung verweigerte die Zahlung. Sie hielt Geralds Tod für einen Selbstmord. Maria klagte vor Gericht die Versicherungssumme ein und erklärte:»Mein Mann hing nicht am Strick, sondern saß vornübergeneigt in der Schlinge. Hätte er sich umbringen wollen, hätte er sich doch regelrecht aufgehängt. Gerald liebte üble Scherze. Er wollte uns auch diesmal wieder nur erschrecken.«

Das Gericht bat einen renommierten Gerichtsmediziner um ein Gutachten. Dieser machte sich anhand der gerichtlichen Ermittlungen mit dem Vorgang vertraut und kam ebenfalls zu der Ansicht, daß hier kein Selbstmord, sondern ein Unglücksfall vorlag.

Es sei vorstellbar, daß sich Koschany auf den Stuhl gesetzt habe, den losen Strick um den Hals, um einen

Erhängungstod vorzutäuschen. Er sei dann eingeschlafen und vornübergesunken. Dabei habe sich das lose Seil gespannt. Der Druck der Schlinge auf den Vorderhals habe die Blutzirkulation behindert. Koschany sei bewußtlos geworden und habe sich nicht mehr aus der Schlinge befreien können.

Das Gericht schloß sich diesem Gutachten an. Koschanys Tod war ein Unglücksfall.

Josef und Josefa

Sie hießen tatsächlich Josef und Josefa, und ihre Verbindung könnte den Titel für einen Liebesroman oder einen heiteren Heimatfilm abgeben. Aber die Beziehung zwischen Josef und Josefa begann zwar romantisch, endete jedoch als blutige Groteske. Zu einer Heirat hatte sich Josef bisher nicht entschließen können. Wechselnde kurzzeitige Liebschaften hatten ihm bisher genügt. Das änderte sich, als er Josefa kennenlernte, ein 20jähriges Dienstmädchen, das im gleichen Ort bei einer Familie Anstellung gefunden hatte. Josefas argloses und zutrauliches Wesen rührte Josef, ihre Jugend reizte ihn. Eine mehr als 30 Jahre jüngere Geliebte – dieses Mädchen wollte er besitzen, vielleicht sogar heiraten.

Josef konnte sehr charmant sein. Er bemühte sich ernsthaft um ihre Zuneigung. Er bereitete gemeinsame

Unternehmungen vor, Abendessen in einem Lokal, Spaziergänge, Kinobesuche. Da er bald bemerkt hatte, daß Josefa sehr scheu und zurückhaltend war und bisher keine Beziehung zu einem Mann gehabt hatte, drängte er sein sexuelles Verlangen noch zurück. Er wollte die emotionale Bindung erst vertiefen.

Und darin hatte er sich nicht getäuscht. Josefas Vertrauen in diesen liebenswürdigen und verständnisvollen Mann wuchs. Zudem, und das war für das mittellose Dienstmädchen nicht unwichtig, besaß er als Schlossermeister eine gesicherte Existenz. Sie sah in ihm einen Liebhaber und Vater zugleich. Und bald wurde ihr bewußt, daß sie ohne ihn nicht mehr leben konnte. »Du hast mich magnetisiert«, gestand sie ihm einmal, »ich bin besessen von dir.« Das hörte Josef gern. Nun sah er seine Stunde gekommen, er lud sie an diesem Abend in seine Wohnung ein. Josefa zögerte mit ihrer Zusage. Trotz ihrer »Besessenheit« war sie durch Charakter und Erziehung so gehemmt, daß sie die Einladung ablehnte.

Tage darauf wiederholte Josef seine Bitte. Josefa befürchtete, eine nochmalige Absage könnte Josef verstimmen. Sie gab nach. Bei einer Flasche Wein eröffnete ihr Josef, er wolle sie heiraten. Josefa hatte wohl nicht damit gerechnet, daß ihr geheimer Wunsch sich so rasch erfüllen sollte. Überwältigt antwortete sie, etwas Schöneres könnte sie sich nicht vorstellen, als immer mit ihm zusammen zu sein. Josef glaubte, nun würde Josefa bereit sein, die Nacht bei ihm zu bleiben. Josefa erschrak. Sie wußte, was das bedeutete. Vor der Heirat mit einem Mann zu schlafen, das war ihr trotz aller Liebe unvorstellbar. Sie gab eine ausweichende Antwort, und als Josef das Zimmer verließ, um eine neue Flasche Wein zu holen, schlich sie sich unbemerkt aus der Wohnung.

Josefa verbrachte die Nacht und den folgenden Tag zwischen Angst und Hoffnung. Sie fürchtete, Josef zu verlieren, und wünschte sehr, daß er ihr die Flucht verzieh. Sie wollte Klarheit und suchte ihn noch am gleichen Abend auf. Josef war freundlich zu ihr, so als wäre nichts geschehen. Sie gingen zusammen essen, dann brachte Josef sie in ihr Quartier. Josefa war glücklich.

Am nächsten Abend gingen sie wieder in Josefs Wohnung. Und an diesem Abend begann die Tragödie, für die Josefa auch später, in der Gerichtsverhandlung, keine Erklärung fand.

Völlig unerwartet richtete Josef einen Revolver auf Josefa und forderte sie auf, mit ihm zu schlafen. Sie fügte sich.

Es konnte später auch von den Psychiatern nicht geklärt werden, ob Josefa tatsächlich noch immer vor Josefs Forderung zurückschreckte oder ob die Bedrohung mit der Waffe unbewußt für sie eine Rechtfertigung war, mit dem Geliebten ins Bett zu gehen, denn in den folgenden Wochen hielt sie sich durchaus nicht von Josef fern, sondern suchte ihn immer wieder auf. Auch Josef ließ Josefa nicht mehr aus den Augen und folgte ihr überall hin. Ihre Dienstherrschaft fand das lästig und kündigte ihr die

Stellung. Josefa konnte vorübergehend bei ihrer Mutter unterkommen. Arbeitslos und ohne Mittel sah sie sich nun aber endgültig in der Macht des Mannes, der sie gewaltsam mißbrauchte und den sie dennoch wie besessen liebte. In diesem Chaos widersprüchlicher Gefühle fand sich Josefa bald nicht mehr zurecht, von Heirat war nicht mehr die Rede.

An einem Novemberabend fügte sich Josefa wiederum Josefs Wunsch, mit ihm zu schlafen. Der Akt dauerte eine Viertelstunde. Danach setzte sich Josef erschöpft auf den Bettrand. Josefa blieb liegen und schlief ein. Sie wußte nicht, wie lange sie geschlafen hatte, als Josef sie weckte und erneut den Beischlaf verlangte. Er wurde für Josefa zur Qual: Josef mühte sich über eine Stunde ab, um zum Ziel zu kommen. Josefa empfand die Situation als peinlich, aber sie hatte nicht die Kraft, den Mann von sich zu stoßen.

Plötzlich unterbrach Josef seine Bewegungen und begann am ganzen Körper zu zittern. Er richtete sich mit geweiteten Augen auf und sank dann bewußtlos aufs Bett zurück. Josefa wälzte sich über den reglosen Körper des Mannes hinweg aus dem Bett und setzte sich benommen auf den Fußboden.

Einige Minuten vergingen in angstvollem Schweigen. Dann hörte sie Josefs Stimme, ein heiseres Röcheln: »Komm, ich bin noch nicht fertig.« Dieser Mann, der sie eine Stunde lang geschunden hatte, der jetzt mehr tot als lebendig war, wollte sie erneut zwingen, ihm zu Willen zu sein! Ohnmächtige Wut befiel sie. Sie mußte sich seiner Gewalt erwehren! Mußte sich vor ihm schützen! Alle Frauen vor ihm schützen!

Auf dem Tisch lag ein Messer, damit hatte Josef tags zuvor Rüben zerkleinert.

Es war ein scharfes Messer.

Josefa nahm das Messer und trat vor das Bett. Josef lag auf dem Rücken, nackt. Josefa griff nach Josefs Penis. Er war schlaff, es bedurfte mehrerer Schnitte, um ihn abzutrennen. Josef stöhnte, aber er war zu schwach, um Josefa zurückzudrängen. Er fuchtelte nur ziellos mit den Händen herum. Sie setzte das Messer erneut an, fetzte mit fester Hand weitere Teile ab, warf sie zu Boden, suchte ein Stück Zeitungspapier, wickelte die blutigen Stücke hinein und schmiß sie zum Fenster hinaus.

Danach stieg sie wieder ins Bett, legte sich auf die blutigen Laken neben den röchelnden Mann und schlief bis gegen fünf Uhr früh. Dann kleidete sie sich an. Josef lag still mit geschlossenen Augen, er schien zu schlafen. Sie trat zu ihm. Da öffnete er die Augen und flüsterte: »Geh schon. Und komm heute abend nicht zu spät.«

»Ich weiß nicht«, erwiderte sie, »ich weiß nicht, mal sehen.« Sie löschte das Licht und ging hinaus.

Es war immer noch finster, als Josef sich zu erheben versuchte. Er empfand durch die Verletzung Schmerzen. Er war benommen, aber es wurde ihm gar nicht bewußt, daß Josefa ihn kastriert hatte. Er kroch aus dem Bett. Dabei wurde ihm so schwindlig, daß er sich auf den

Fußboden setzen mußte. Völlig ermattet lehnte er sich mit dem Rücken ans Bett und schlief wieder ein.

Als Josefs Geselle am Morgen zur Arbeit kam, wunderte er sich, daß der Meister noch nicht in der Werkstatt war. Das war ungewöhnlich. Seine Rufe blieben ohne Antwort. Der Geselle ging durch die Werkstatt in die Wohnung des Meisters. Hier fand er ihn schließlich im Schlafzimmer: Er saß tot auf dem Fußboden, an das Bett gelehnt. Ohne die Leiche weiter zu betrachten, rief der Geselle die Polizei.

Inzwischen war es hell geworden. Den Polizisten war beim ersten Anblick des Toten klar, daß hier ein Verbrechen geschehen war. Sie sahen den blutverschmierten Unterleib der Leiche, die Blutflecken auf dem Bettlaken und auf dem Fußboden neben dem Toten. Die Bettdecke war mit Erbrochenem und Urin beschmutzt.

Die gerichtsmedizinische Obduktion des Josef D. ergab folgendes:

»An den abhängigen Körperteilen der Leiche eines älteren Mannes ziemlich ausgebreitete und ziemlich deutliche Totenflecke. Vom Schamberg bis zum Perineum erstreckt sich eine glattrandige, mit Blutgerinnseln bedeckte Wunde; ihre nächste Umgebung weder geschwollen noch blutig unterlaufen. Vom Penis ist nur ein 1 cm langer Stumpf zurückgeblieben, dessen Wundfläche scharf und glatt ist. Zugleich fehlt die linke Hodensackhälfte samt zugehörigem Hoden. Aus der Hodensackwunde ragt ein Stumpf des glatt durchtrennten

Samenstranges vor. Sonst fehlen anderweitige äußere Verletzungsspuren. Gehirn, Lungen und Baucheingeweide vollkommen normal oder fast normal beschaffen. Pericardialsack mit geronnenem Blut prall gefüllt. Aufsteigende Aorta erweitert, zeigt an der Vorderwand eine die ganze Wanddicke durchsetzende Ruptur; ihre Innenwand unbedeutend atheromatös verändert. Herz normal groß, unversehrt.«

Als Todesursache nannten die Obduzenten entweder den Riß in der Aorta oder Verblutung infolge der Kastration.

Verblutung durch die Kastrationswunden – das bedeutete für Josefa S. eine Anklage wegen schwerer Körperverletzung mit Todesfolge. Das Gericht nahm die Ermittlungen gegen Josefa auf. Josefa wurde verhaftet. Sie berichtete über ihre Beziehung zu Josef und wie es in jener Nacht zu dem blutigen Anschlag gekommen war. Josefa wurde befragt, ob sie vor ihrem Verhältnis mit Josef Beziehungen zu anderen Männern gehabt habe.

»Zuvor«, antwortete sie, »waren mir alle Männer gleichgültig. Zu Josef fühlte ich mich so hingezogen, als sei ich besessen gewesen oder von ihm magnetisiert.«

Da die Obduzenten die Todesursache Josefs nicht eindeutig bestimmt hatten, forderte das Gericht von Prof. Wachholz und Prof. Olbrycht ein Obergutachten. Darin heißt es:

1. Die Obduktion der Leiche des Josef D. hat zwei Veränderungen nachgewiesen, die imstande waren, den Tod

Josefs zu erklären; das ist die umfangreiche Wunde in der Genitalgegend und die Ruptur der aufsteigenden Aorta. Die Wunde, welche die Hauptgefäße des männlichen Gliedes und des Samenstranges durchtrennte, konnte den Verblutungstod, die Aorta-Ruptur dagegen den Tod durch Herzbeuteltamponade herbeiführen. Da der Sektionsbefund nicht dem eines Verblutungstodes entsprach, indem ausgebreitete und ziemlich deutliche Totenflecke festgestellt wurden und sich alle Organe mäßig blutreich erwiesen, kann zweifellos angenommen werden, daß Josef D. nicht eines Verblutungstodes gestorben ist, somit die ihm durch fremde Hand zugefügte Schnittwunde in der Genitalgegend mit seinem Tode in keinem Zusammenhange stand.

2. Die Aorta-Ruptur, welche demnach als die eigentliche und zugleich alleinige Todesursache des Josef D. bezeichnet werden muß, war die unmittelbare Folge zweier Faktoren. Erstens: Die sexuelle Erregung verursachte eine plötzliche, starke arterielle Blutdruckerhöhung. Zweitens: Es bestand eine herabgesetzte Widerstandsfähigkeit der Aortawände, die als eine besondere Leibesbeschaffenheit des Toten aufgefaßt werden muß und sich durch die krankhaften, bei der Obduktion festgestellten Veränderungen der Aorta erklären läßt.

3. Der Tod des Josef D. erfolgte nicht sofort nach entstandener Ruptur der Aorta, er trat vielmehr erst nach einer gewissen Zeit ein, nachdem sich im Herzbeutel eine genügende Blutmenge angesammelt und durch Druck

(Tamponade) das Herz zum Stillstand gebracht hatte. Immerhin mußten sich Josef D.s gleich nach erfolgter Aorta-Ruptur Kollapserscheinungen bemächtigt haben, die allmählich zunahmen und ihn außer Stand setzten, sich der ihm drohenden Verstümmelung zu erwehren. Andererseits führte dieser Kollaps eine zunehmende Herabsetzung des arteriellen Blutdrucks herbei. Dadurch war die Blutung aus den in der Wunde durchtrennten Blutgefäßen zu gering, um Tod durch Verblutung zu verursachen.

4. Die Josef D. durch Josefa S. versetzte Schnittwunde hat somit seinen Tod nicht herbeigeführt und ist ihm zweifellos zugefügt worden, nachdem die Aorta-Ruptur bereits erfolgt war. Die Wunde muß aber als schwere körperliche Verletzung bezeichnet werden, die mit dauerndem Verlust der Zeugungsfähigkeit verbunden ist.

Die Obduzenten nannten diesen Fall besonders interessant, weil eine äußere Verletzung (die Kastration) mit einer krankhaften Organveränderung (Aorta-Ruptur) zusammenfiel. Diese führte zum plötzlichen Tod, noch bevor die Verletzung sich tödlich auswirken konnte.

Josefa wurde deshalb von der Anklage freigesprochen.

Plötzlicher Tod beim Geschlechtsverkehr ist häufiger als vermutet. Da die Umstände des Todes jedoch als peinlich empfunden werden, übergeht man sie mit Stillschweigen. Die Ursachen eines solchen plötzlichen Todes liegen meist an krankhaften Veränderungen des Hirns, des Herzens oder der Aorta. Körperliche Anstrengung und psychische Erregung beim Koitus steigern den Blutdruck erheblich und lassen ihn dann wieder stark sinken. Die Blutdruckschwankungen belasten den Kreislauf beträchtlich. Ist dieser vorgeschädigt und der Belastung nicht mehr gewachsen, kommt es dann zum plötzlichen Tod.

Das war auch bei Josef so gewesen. Vielleicht überrascht es, daß Josef nicht plötzlich, sondern erst nach Stunden verstarb. Es wird jedoch immer wieder über Fälle berichtet, daß Menschen bei einem Einriß der aufsteigenden Körperschlagader noch Stunden, ja Tage überleben können.

»Größere Verletzungen der Körperschlagader sind im allgemeinen als unbedingt tödlich anzusehen«, heißt es in einem Beitrag zu diesem Thema von H. Postschneider und Th. Fuchs. »Dies trifft aber nicht immer zu, denn nach Art der Verletzung können Unterschiede im zeitlichen Ablauf vorkommen. Wenn die Ruptur direkt im Brustfellraum erfolgt, wird der Tod rascher eintreten als z. B. bei einer Blutung im Herzbeutel.«

Bei Josef war die Blutung im Herzbeutel erfolgt. Deshalb überlebte er um mehrere Stunden.

Rektale Katastrophen

Der 62jährige Invalidenrentner Alios Meisgeier wohnte abseits vom Dorf auf einem einsamen Bauernhof. Meisgeier war ein bedauernswerter Mensch. Er lebte allein, seine Frau war schon vor Jahren verstorben. Die Gebäude verfielen. Meisgeier hatte nicht mehr die Kraft, sich um seinen Besitz zu kümmern. Eine schwere Krankheit hatte ihn niedergeworfen: Ein Tumor im Mund füllte fast den ganzen Mund- und Rachenraum aus, die Nahrungsaufnahme war erschwert und das Schlucken schmerzhaft. Der Tumor behinderte den Kranken auch beim Sprechen. So hatte sich Meisgeier immer mehr von den Menschen in seine einsame verwahrloste Wohnung zurückgezogen. Und wenn seine Verwandten es auch mißbilligten, so hatten sie dennoch Verständnis dafür: Meisgeier suchte Trost und Betäubung im Alkohol.

Eines Tages wollte Meisgeiers Sohn Leo den Vater besuchen. Er gelangte ins Haus und suchte den Vater, rief nach ihm. Der Vater tauchte nicht auf. Schließlich entdeckte Leo, daß die Schlafzimmertür von innen verschlossen war. Er rüttelte an der Tür. Keine Antwort. Leo brach die Tür auf. Der Vater lag nackt auf dem Bett. Er war tot.

Kriminalisten und Gerichtsmediziner nahmen das Zimmer und die Leiche in Augenschein.

Der Raum wirkte unordentlich. Überall lagen schmutzige Kleidungsstücke herum. Auf dem Tisch standen

Essensreste. In einer Zimmerecke häuften sich leere Wein- und Bierflaschen.

Den merkwürdigsten Anblick aber bot die Leiche selbst. Sie war mit einer anfangs unerklärlichen Apparatur verbunden. Auf der Brust des Mannes befand sich ein Zerstäuber mit einem daran befestigten Blechzylinder. Neben dem rechten Arm des Mannes lag eine Luftpumpe. In den 60 cm langen Schlauch der Pumpe war ein Plastikschlauch von 1 m Länge gesteckt. Dieser war so am Hüftgelenk fixiert, daß er seine Lage kaum verändern konnte. Das Ende des Plastikschlauchs verlief unter dem Körper der Leiche.

Nun wurde die Leiche gewendet. Dabei zeigte sich, daß das Gesäß des Toten auf einem Nachttopf ruhte und das Ende des Plastikschlauchs tief im Rektum steckte. Im Nachttopf befand sich eine gelbliche Flüssigkeit.

Als man den Blechzylinder des Zerstäubers öffnete, fand man darin eine helle Flüssigkeit. Sie roch nach Obstler.

Über das Ergebnis der Obduktion wird folgendes berichtet: Unter anderem lag eine akute Blutstauung der inneren Organe, Leberverfettung sowie eine Einblutung in die Rektumschleimhaut, die noch zu Lebzeiten erfolgt war, vor. Vom Zungengrund ging ein großer Tumor aus, der fast die ganze Mund- und Rachenhöhle ausfüllte. Bei der mikroskopischen Untersuchung stellte er sich als Wucherung des Schilddrüsengewebes dar.

Anhand der Beschaffenheit der inneren Organe konnte die Todesursache nicht festgestellt werden. Im Bericht heißt es:

»Unter Berücksichtigung der Vorgeschichte, der näheren Umstände des Fundorts sowie der Obduktionsbefunde drängt sich der Verdacht einer Alkoholvergiftung auf.«

Deshalb wurde eine Blutalkoholbestimmung vorgenommen. Diese ergab in den einzelnen Körperteilen eine unterschiedliche Konzentration. Das Blut in den Hirnzellen zeigte eine Konzentration von mehr als 5 %, im Magen 9 %. Demgegenüber fand sich im Dickdarm und Dünndarm eine Konzentration von fast 30 %. Diese hohe Konzentration in den Därmen ließ vermuten, daß der Alkohol auf diesem Weg in den Körper gelangt war.

Der Weg des Alkohols verlief von der Luftpumpe über die beiden Schläuche direkt ins Rektum. Der Zerstäuber enthielt Obstbranntwein von 43 Vol-%.

Am Ende des Berichts hieß es, die Leberverfettung weise auf chronischen Alkoholmißbrauch hin. Unklar sei jedoch die Rolle des Zerstäubers. Wahrscheinlich sollte die Einatmung von obstbrandhaltiger Zerstäuberluft den Geschmacksgenuß ersetzen, der bei der rektalen Einführung von Alkohol fehlte. Die bösartige Vergrößerung des Tumors erschwerte das Schlucken großer Alkoholmengen beträchtlich, so daß der Kranke sich den Alkohol direkt in die Därme einflößte. Zum letztenmal in tödlicher Menge.

Frau Haberkorn war eine mitteilsame Frau, die sich mit allen Menschen im Hause gut verstand. Arglos und gutgläubig, war sie von allen gut gelitten. Auch mit ihrem Flurnachbarn, dem nicht unkomplizierten Herrn Ranisch, suchte sie stets Kontakt zu halten. Ranisch war schon ein alter Herr, auch wenn man ihm die 75 nicht ansah. Man konnte ihn gut für 20 Jahre jünger halten. Wenn er aus seiner Wohnungstür trat, wirkten sein aufrechter Gang, sein fester Schritt, sein durchdringender Blick imponierend, seine Stimme war wohlklingend, man merkte ihr nicht an, daß Herr Ranisch lange Zeit in Rußland, in orientalischen Städten, in Afrika und Westeuropa gelebt und gearbeitet hatte. Früher, als Herr Ranisch noch gesprächiger war, hatte er sich gerühmt, mehrere Fremdsprachen fließend zu sprechen. Als ihn Frau Haberkorn beeindruckt fragte, was er in so fernen Ländern getan habe, sagte er, er sei Kunstmaler. Daraufhin hatte Frau Haberkorn ihn gebeten, seine Bilder besichtigen zu dürfen. Aber er hatte schroff geantwortet, ein andermal vielleicht. Sie hatte sich damit zufriedengeben müssen. Künstler sind nun einmal sonderbare Menschen. Doch wenn sie darüber nachdachte, wurde ihr bewußt, daß sie Herrn Ranischs Wohnung noch nie betreten hatte. War das Zufall? Oder hatte Herr Ranisch etwas zu verbergen? Von diesem Zeitpunkt an hatte Frau Haberkorn begonnen, Herrn Ranisch zu beobachten. Und bei dieser gezielten Kontrolle bemerkte sie manches, was ihr früher entgangen war. Folgte sie ihm vorsichtig in die Kaufhalle, sah sie, wie er sich reichlich mit Kognak, Whisky und Wodka versorgte, und das oft mehrmals in der Woche.

Begegnete sie ihm auf dem Hausflur, erschien ihr sein durchdringender Blick jetzt oft starr und gläsern. Früher hatte es Frau Haberkorn nicht interessiert, wenn Herr Ranisch Besuch bekam. Nun beobachtete sie durch den Türspion, wer da ihren Nachbarn aufsuchte. Über längere Zeit erschien regelmäßig am Wochenende ein etwa 14jähriges Mädchen, das Herrn Ranisch nach einer Stunde wieder verließ. Noch war Frau Haberkorns Achtung vor Herrn Ranisch nicht sonderlich beschädigt. Sie dachte, wahrscheinlich ist das eine Verwandte, die den alten Herrn besucht.

Doch dann blieb dieser Besuch aus, und einige Monate später war auch Herr Ranisch verschwunden. Frau Haberkorn war verwundert, aber immer noch arglos. Bis sie eines Tages in der Kaufhalle erfuhr, Herr Ranisch sei wegen unsittlicher Handlungen an einer Minderjährigen ins Gefängnis gekommen.

Ebenso unmerklich, wie Herr Ranisch verschwunden war, war er plötzlich wieder zurückgekehrt, füllte seinen Korb mit Kognak, Whisky und Wodka, begnügte sich im Hausflur mit einem kurzen Gruß und zog sich aufrecht und steifbeinig in seine Wohnung zurück. Frau Haberkorn war das nur recht. Sie hatte Scheu vor dem unsittlichen Herrn Ranisch.

Eines Tages begegnete sie Herrn Ranisch im Hausflur.

Er wirkte merkwürdig verändert. Sein Gesicht war hochrot, seine Augen blickten fahrig. Gekrümmt und stöhnend schlich er an ihr vorbei. Ob er krank sei, fragte Frau Haberkorn.

»Bauchschmerzen, nur Bauchschmerzen«, murmelte er.

Und dann plötzlich war Herr Ranisch wieder verschwunden. War er schon wieder im Gefängnis? Das erschien Frau Haberkorn nach mehreren Tagen denn doch unmöglich. Oder war er krank? Sie erinnerte sich an die Begegnung im Flur. War er bereits so krank, daß er die Wohnung nicht mehr verlassen konnte, um Kognak, Whisky und Wodka zu besorgen? Sollte sie ihre Abneigung überwinden und Herrn Ranisch fragen, ob sie ihm etwas aus der Kaufhalle mitbringen sollte?

Sie läutete an Herrn Ranischs Wohnungstür. Alles blieb still. Sie läutete erneut, lange und eindringlich. Kein Laut von drinnen. Sie beugte sich zum Schlüsselloch hinunter. Der Schlüssel steckte von innen …

Die Kripo fand Ranisch tot in seinem Bett.

Im Obduktionsbericht heißt es, nach dem Entkleiden der Leiche sei eine drei cm breite Gummibandage zum Vorschein gekommen. Sie war um Hüfte und Oberschenkel gebunden. Die inneren Organe in der Brusthöhle wiesen keine bedeutsamen krankhaften Veränderungen auf. Als die Bauchhöhle geöffnet wurde, entwich ein auffallend süßlicher alkoholischer Dunst. Die Därme und Dickdarmschlingen waren stark gebläht.

In der gesamten Bauchhöhle fand sich schmutzig-grüner, süßlich-fäkulent riechender Darminhalt. In der linken Bauchhälfte lag eine Speiseölflasche, die noch Reste von Speiseöl enthielt. Die Flasche war mit einem Kindersauger verschlossen, der Sauger mit einer Hanfschnur am Flaschenhals befestigt. Das andere Ende der 30 cm langen Schnur lief in einer Schlinge aus. Der Darm war zweimal durchstoßen, das Gewebe hier abgestorben. Im hochgradig entzündeten Rektum war die Schleimhaut beschädigt.

Todesursache war eine kotige Bauchfellentzündung. Sie war entstanden, als der Mann mit der Flasche rektale Masturbation betrieb. Die Schnur hatte anscheinend dazu gedient, die Flasche wieder herauszuziehen; das jedoch war mißlungen. Die Flasche war zu weit in den After eingeführt worden, bis in den Dickdarm gelangt und hatte diesen durchstoßen.

Dem Bericht über zwei tödliche Unglücksfälle durch rektale Manipulationen schließt sich ein weiterer über einen Mord an.

»Tötung durch Stich in den After« überschrieb Dr. Schollmeyer vom Institut für gerichtliche Medizin und Kriminalistik, Jena, seinen Befund.

Die Mutter eines sechs Monate alten männlichen Säuglings kehrte eines Vormittags von ihren Besorgungen zurück. Das Kind lag mit gering vorgestülptem Enddarm und Blut in den Windeln in seinem Bettchen. Sie brachte den Jungen sofort in die Klinik. Hier wurde das ausgetretene Darmstück wieder in seine normale Lage zurückversetzt. Aber bereits in der nächsten Nacht verstarb das Kind, vermutlich an Herz-Kreislauf-Versagen.

Bei der Sektion jedoch stellte sich als Todesursache eine eitrige Bauchfellentzündung heraus. Diese war die Folge einer Durchbohrung des Dickdarms. Außerdem fanden sich noch weitere Verletzungen im Bauchraum.

Die Verletzungen ließen sich vorerst nicht erklären; fest stand lediglich, daß sie durch äußere Einwirkung – vielleicht durch ein Fieberthermometer – entstanden sein mußten.

»Bei der gerichtsmedizinischen Begutachtung und Nachsektion«, schrieb Dr. Schollmeyer, »... gingen wir von folgender Überlegung aus: Die Verletzungen ließen sich durch eine gerade Linie verbinden und wiesen eindeutig auf zu Lebzeiten entstandene Verwundungen hin.« Sie seien dem Kind durch ein dünnes stabartiges Instrument beigebracht worden, das mindestens 22 cm lang war.

Bei der Suche nach dem Täter wurde auch der 24jährige Vater des Kindes vernommen. Unter dem Druck der gerichtsmedizinischen Beweislage gab er schließlich zu, dem Säugling eine 34 cm lange Stricknadel in das Rektum eingeführt zu haben, um ihn zu töten. Das Kind sollte langsam und unauffällig sterben.

Dr. Schollmeyer fügte hinzu, jeder Gewaltverbrecher suche äußere Verletzungen an seinem Opfer zu vermeiden, um einen unnatürlichen Tod zu verbergen und eine Obduktion zu verhindern.

Tötung durch Stich in den After, so ein anderer Rechtsmediziner, sei im übrigen eine »recht alte Methode«. Sie sei bereits im Jahre 1327 nachweislich bei der Ermordung des englischen Königs Edward II. angewandt worden.

Für den Täter ist es das Optimum, das Opfer an den inneren Organen zu schädigen, damit der Tod eintritt, ohne daß äußerlich Veränderungen wahrnehmbar sind. Diese Bedingung ist z. B. bei der Giftbeibringung in der Regel gegeben. Weit seltener dürfte das Einbringen von Fremdkörpern in das Körperinnere sein, bei dem äußerlich keine Verletzungen entstehen. Dies ist nur dann möglich, wenn hierzu die natürlichen Körperöffnungen benutzt werden.

Nachbemerkung des Autors

Dieses Buch ist keine wissenschaftliche Abhandlung, sondern ein Bericht über Kriminalfälle aus vorwiegend rechtsmedizinischer Sicht. Hinsichtlich des Rohmaterials ist der Autor den im Text genannten Rechtsmedizinern, Psychiatern, Kriminalisten und Kriminologen zu Dank verpflichtet.

Wesentliche Quellen dieses Buches waren: Archiv für Kriminologie, Kriminalistik und forensische Wissenschaften, Deutsche Zeitschrift für die gesamte gerichtliche Medizin, Kriminalistische Monatshefte, Das Verbrechen in Hypnose und seine Aufklärungsmethoden von Ludwig Mayer, Abhandlungen zur gerichtlichen Medizin und Kriminalistik (Friedrich-Schiller-Universität, Jena; Universität Mainz).

Nachbemerkung des Verlages

Seit 1992 entwickelte sich zwischen dem Schriftsteller Prof. Hans Pfeiffer und dem Militzke Verlag ein enges partnerschaftliches Verhältnis. In den folgenden Jahren edierten wir acht Titel unseres in Deutschland und auch im Ausland geachteten Autors, die bei den Leserinnen und Lesern aufgrund ihrer schriftstellerischen und fachlichen Qualität großen Anklang fanden.

Weitere gemeinsame Projekte waren fest vereinbart, darunter für den Herbst 1998 *Das Spektrum der Toten*. Doch im Frühjahr erkrankte Hans Pfeiffer schwer. Viele Monate kämpfte er um sein Leben. Er schrieb gegen den Tod an, der ihm als literarischer Gegenstand so vertraut war – und unterlag doch im September 1998.

In seinem Nachlaß befand sich das handgeschriebene Manuskript für *Das Spektrum der Toten* mit seiner ganz eigenen Mischung aus Sütterlin- und Kurzschrift. Pfeiffer hatte sein Manuskript vollendet, aber seine »Geheimschrift« ließ sich selbst von Schriftexperten nicht entschlüsseln. Schließlich gelang es seiner Witwe, Doris Pfeiffer, in monatelanger Arbeit sein letztes Werk zu entziffern.

Wir sind Frau Doris Pfeiffer zu großem Dank verpflichtet. Sicher sind wir auch, daß sich Hans Pfeiffers treue Leserinnen und Leser diesem Dank anschließen werden.

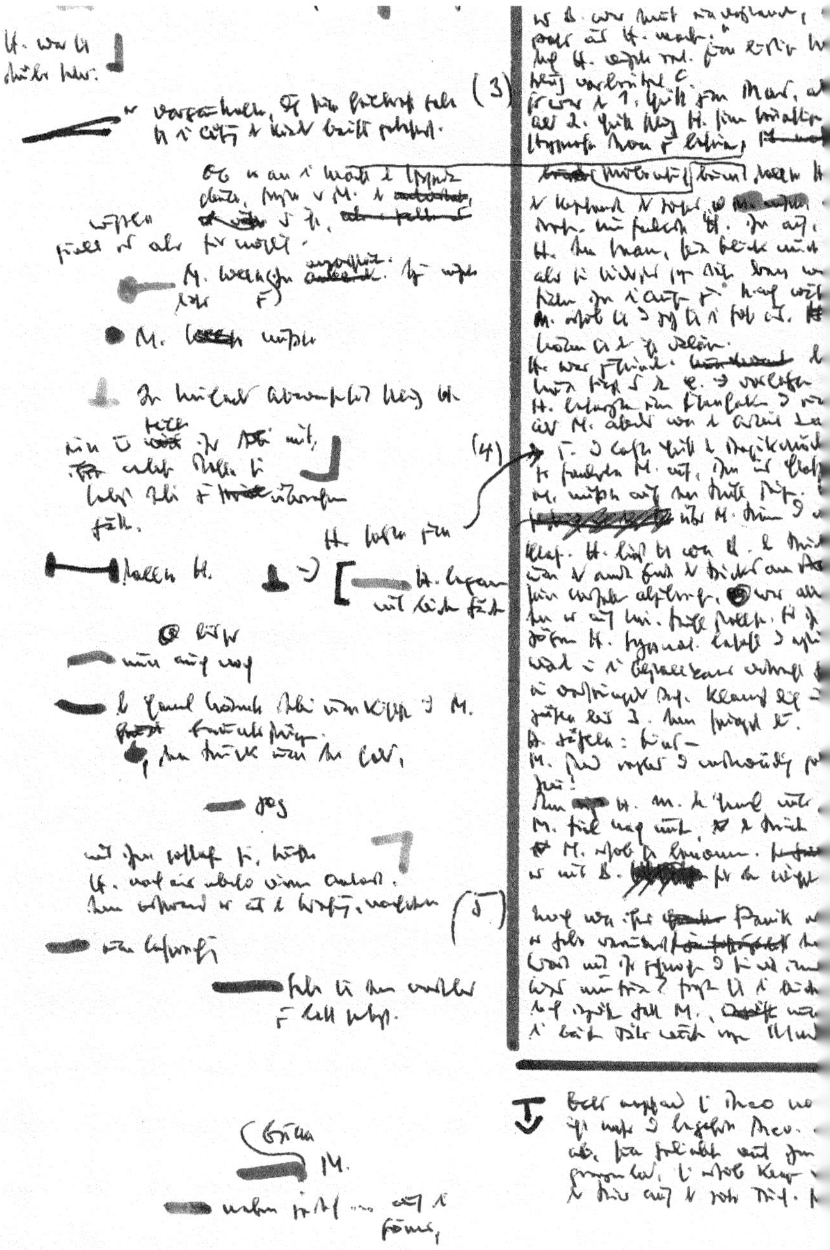